Smart Finance und IIoT

Elmar Lukas • Sascha Mölls •
Natalie Nowak • Vladlena Prysyazhna

Smart Finance und IIoT

Innovative Finanzdienstleistungen im Kontext von Industrie 4.0

Springer Gabler

Elmar Lukas
Lehrstuhl für BWL, insbesondere
Innovations- und Finanzmanagement
Otto-von-Guericke-Universität Magdeburg
Magdeburg, Deutschland

Natalie Nowak
Lehrstuhl für BWL, insbesondere
Innovations- und Finanzmanagement
Otto-von-Guericke-Universität Magdeburg
Magdeburg, Deutschland

Sascha Mölls
ifG Marburg | Lehrstuhl für Rechnungslegung
Philipps-Universität Marburg
Marburg, Deutschland

Vladlena Prysyazhna
ifG Marburg | Lehrstuhl für Rechnungslegung
Philipps-Universität Marburg
Marburg, Deutschland

ISBN 978-3-658-45479-1 ISBN 978-3-658-45480-7 (eBook)
https://doi.org/10.1007/978-3-658-45480-7

Die Deutsche Nationalbibliothek verzeichnet diese Publikation in der Deutschen Nationalbibliografie; detaillierte bibliografische Daten sind im Internet über https://portal.dnb.de abrufbar.

Planung/Lektorat: Guido Notthoff
Springer Gabler ist ein Imprint der eingetragenen Gesellschaft Springer Fachmedien Wiesbaden GmbH und ist ein Teil von Springer Nature.
Die Anschrift der Gesellschaft ist: Abraham-Lincoln-Str. 46, 65189 Wiesbaden, Germany

Danksagung

Besonderer Dank gilt der Stiftung für die Wissenschaft für die finanzielle Förderung der Studie sowie Herrn Gregor Mauer (ebenda) für seine Unterstützung während der Laufzeit des Projektes. Ebenfalls möchten wir uns bei allen Interviewpartnern und Personen, die an der Fragebogenstudie teilgenommen haben, recht herzlich für ihr Mitwirken bedanken.

Inhaltsverzeichnis

Abbildungsverzeichnis

Tabellenverzeichnis

Problemstellung

1

Industrie 4.0, gemeint ist damit die dezentrale Selbstorganisation der Produktion, treibt fortwährend die digitale Vernetzung und Automatisierung von Maschinen und Anlagen voran und gilt weltweit als das zentrale Zukunftsthema der Wirtschaft (vgl. Bauer et al., 2014). Nach Schätzungen des Verbands Deutscher Maschinen- und Anlagenbau (VDMA) muss die deutsche Wirtschaft in den nächsten 10 Jahren ca. 25 Mrd. € investieren, um die Transformation hin zur Industrie 4.0 erfolgreich zu vollziehen. Für ein mittelständisches Unternehmen durchschnittlicher Größe fallen somit Investitionskosten von ca. 1,5 Mio. € pro Jahr an, um weiterhin wettbewerbsfähig zu bleiben.

Industrie 4.0 umschreibt konzeptionell eine neue Form von Wertschöpfungskette, in der alle technischen Komponenten mit Sensoren, Aktoren und Kommunikationsschnittstellen ausgerüstet sind. Durch diese Verknüpfung ergibt sich eine umfassende, intelligente Vernetzung von Maschinen, Objekten und Systemen (vgl. Bauer et al., 2014) mit dem Ziel, eine möglichst autonome und zugleich flexible Wertschöpfung mit hohem Kundennutzen zu ermöglichen, in der alle Entitäten (Produkte und Maschinen) mehr oder weniger autonom miteinander kommunizieren und entscheiden. Maßgeblich für eine solche Umsetzung ist die Fähigkeit zur Kommunikation in Echtzeit, was die konsequente Einbettung von Internettechnologien notwendig macht. Im Ergebnis entsteht daraus ein Gegenstück zum klassischen Internet, das sogenannte „Industrial Internet of Things (IIoT)" (im deutschsprachigen Raum auch: Industrielles Internet der Dinge), das es erlaubt, Maschinen- und Produktionsdaten in Echtzeit bereitzustellen, auszuwerten und – davon abgeleitet – maßgeschneiderte Dienstleistungen und neue Geschäftsfelder zu entwickeln.

Diese zunehmende digitale Vernetzung der Realwirtschaft hat unweigerliche und weitreichende Konsequenzen für die Finanzierungsangebote von Banken (vgl. z. B. Brühl, 2017; Jünemann, 2017; Paul, 2019). Zum einen wird das klassische Kernprodukt der

E. Lukas et al., *Smart Finance und IIoT*, https://doi.org/10.1007/978-3-658-45480-7_1

Banken, der Firmenkredit, in seiner Bedeutung bedroht: Bis dato produzieren Unternehmen Maschinen und verkaufen diese an ihre Kunden, wohingegen Banken den Unternehmen dafür eine Vorfinanzierung und den Kunden einen Kredit zur Anschaffung der Investitionsgüter bereitstellen. Die umfassende Vernetzung von Wertschöpfungsketten bringt nun aber neue Möglichkeiten der Unternehmensfinanzierung bzw. neue Formen der Finanzierung zwischen Unternehmen mit sich (vgl. Paul, 2019, S. 685), da in einer digitalen Welt der Kunde nicht nur Konsument von Produkten und Dienstleistungen ist, sondern zugleich auch die Rolle des Produzenten von für das Unternehmen interessanten Daten besetzt, die ausgewertet und zu neuen Dienstleistungen kombiniert werden können.

Diese „Doppelrolle" aufgreifend, entwickelt sich aktuell im Kontext von Industrie 4.0 und den via IIoT bereitgestellten Maschinen- und Produktionsdaten ein Trend hin zu Geschäftsmodellen, in denen datenbasierte Kreditlösungen ins Zentrum gerückt und vor allem von „Captive Finance"-Gesellschaften angeboten werden. Bei diesen, als Equipment-as-a-Service (EaaS) bezeichneten Geschäftsmodellen werden Investitionsgüter wie Anlagen und Maschinen nicht mehr gekauft, sondern vom Hersteller dem Kunden gegen eine Gebühr bereitgestellt. Im Gegensatz zu einem klassischen Miet- bzw. Leasingmodell ist die Höhe der Zahlungen allerdings ex ante nicht fest vorgegeben, sondern orientiert sich an der tatsächlichen Nutzungsfrequenz („pay-per-use") bzw. an dem mit dem Investitionsobjekt erzielten messbaren Ergebnis („pay-per-outcome") (vgl. Brühl, 2017, S. 32 f.). Ferner ist der Hersteller, wiederum ähnlich dem Operate Leasing, in der Pflicht zur technischen Wartung, zur Durchführung von Reparaturen, zur Aufrechterhaltung von Serviceangeboten und zur Bereitstellung von Ersatzteilen. Für den Kunden liegt der Vorteil u. a. darin, dass sich zum einen hohe Anfangsinvestitionen vermeiden lassen und zum anderen derartige Finanzierungsmodelle die Liquidität schonen, da sich die Zahlungshöhe indirekt an der Auftragslage des Unternehmens orientiert und zugleich weniger kurzfristige Finanzierungsengpässe durch Instandhaltungskosten entstehen.

Für Banken resultiert aus den skizzierten Entwicklungen, dass in Zukunft vermutlich weniger Investitionsgüter zu finanzieren sind, da die (potenziellen) Nutzer/-innen kostenintensiver Investitionsgüter nun nicht mehr die hohen Anschaffungsausgaben aufbringen müssen (vgl. Pähler & Rundshagen, 2018, S. 344). Weiterhin ist zu erwarten, dass sowohl etablierte Technologieunternehmen als auch Start-up-Unternehmen im Finanzsektor („Fintechs") mittelständische Unternehmen mit ihrer Zahlungsinfrastruktur und technologischem Know-How beim Aufbau solcher Geschäftsmodelle unterstützen und in der Folge die Kundenbeziehung zwischen Unternehmen und ihren Hausbanken schwächen. Neben den skizzierten Gefahrenpotenzialen ergeben sich aus der Etablierung derartiger nutzungsdatenbasierter Finanzierungsangebote allerdings auch Chancen und neue Geschäftsfelder für Kreditinstitute, die eine eigene Betrachtung rechtfertigen. Zum einen übernehmen die Hersteller künftig das operative Risiko ihrer Kunden. Für Banken besteht an dieser Stelle die Möglichkeit, sich in die digitale Wertschöpfungskette einzubringen, indem sie helfen, diese Risiken zu minimieren oder an Dritte weiterzureichen. Zum anderen können Banken ihre bisherigen komparativen Vorteile, zu nennen sind an dieser Stelle z. B. weitreichende Kompetenzen bei der Identifizierung von Kunden und deren

Authentifizierung im Zusammenhang mit Zahlungstransaktionen oder leistungsfähiger Zahlungsinfrastruktur, nutzen, um selbst Anbieter nutzungsdatenbasierter Finanzierungsprodukte zu werden. Ein derartiger Vorstoß scheint aus zweierlei Sicht vielversprechend: Erstens sind für finanzrelevante Anwendungen im Bereich der Industrie 4.0 sichere digitale (Maschinen-)Identitäten bzw. das Management von Identitäten ebenso wie Transaktionen in Echtzeit (Instant Payment) unabdingbar, Know-how, über das Banken schon jetzt verfügen. Zweitens könnten auf diese Weise die klassischen Kreditprodukte im Firmenkundengeschäft zu innovativen, hybriden Produkten weiterentwickelt werden, die – neben einer „realitätsnäheren" Kundenzentrierung und einer Verbesserung des Managements von Kreditsicherheiten – auch weitere Geschäftsmodelle (z. B. Identity Banking as a Service bzw. Data Banking as a Service) motivieren.

Ungeachtet der großen Relevanz der dargelegten Entwicklungen für den künftigen Erfolg von Kreditinstituten deuten erste Studienergebnisse allerdings darauf hin, dass derzeit noch eine große Diskrepanz zwischen der Real- und Finanzwirtschaft besteht, wenn es um die Verschmelzung von IIoT und Banking im Kontext von Industrie 4.0 geht. So zeigen die Ergebnisse einer Befragung mittelständischer Industrieunternehmen zwar deutlich, dass 77 % der befragten Unternehmen bereits Echtzeitdaten im Sinne einer Industrie 4.0 erfassen und mehrheitlich bereit wären, diese mit ihren Kreditgebern zu teilen, um bessere Kreditkonditionen zu erhalten (vgl. Creditshelf, 2018), anders sieht die Situation aber auf Seiten der Finanzdienstleister aus: Obwohl nach den Ergebnissen einer Studie zum Thema „Finanzierungsmodelle im Kontext der Thematik Industrie 4.0" die Mehrheit der Befragten dem Bereich Industrie 4.0 eine besondere strategische Bedeutung für die Branche attestiert, fehlt aber bis dato eine konsequente Unterstützung von Firmenkunden durch innovative, IIoT-basierte Finanzprodukte (vgl. Bergmann et al., 2019). Gleiches gilt für die wissenschaftliche Literatur, insbesondere die unmittelbar finanzwirtschaftliche Literatur zum Themenkomplex „Unternehmensfinanzierung", die sich bis dato ebenfalls noch nicht systematisch mit dem Thema „Nutzungsdatenbasierte Kredite im Kontext Industrie 4.0" beschäftigt.

Vor dem skizzierten Hintergrund verfolgt das Forschungsprojekt das primäre **Ziel**, die aktuelle und zukünftige Bedeutung datenbasierter Finanzierungskonzepte für das Firmenkundengeschäft umfassend empirisch zu erforschen sowie Chancen und Risiken hinsichtlich einer Etablierung derartiger Geschäftsmodelle aufzuzeigen. Der Fokus liegt dabei auf deutschen Regionalbanken in Gestalt von Sparkassen und Genossenschaftsbanken.

Kap. 2 schafft zunächst einen definitorischen und konzeptionellen Rahmen für die Problemstellung und gibt einen Überblick sowohl über Ausprägungsformen nutzungsdatenbasierter Geschäftsmodelle als auch den Stand der Diskussion zu dieser Frage. Kap. 3 geht dann auf die Durchführung der Experteninterviews mit Vertreter/-innen aus unterschiedlichen Bereichen der Wirtschaft ein und generiert über eine kompakte Auswertung der vielschichtigen Expertenmeinungen Hypothesen, die leitend für die nachfolgenden Kapitel der vorliegenden Studie sind. Im nachfolgenden Kap. 4 geht es dann um das Konzept sowie die Befunde der durchgeführten Fragebogenstudie. Die Studie schließt mit der Diskussion wichtiger Implikationen sowie einem Fazit und Ausblick.

Literatur

Bauer, W., Schlund, S., Marrenbach, D., & Ganschar, O. (2014). *Industrie 4.0 – Volkswirtschaftliches Potenzial für Deutschland*. BITKOM/Fraunhofer-IAO.

Bergmann, I., Peters, A., & Weber, S. (2019). *Finanzierungsmodelle im Kontext der Thematik Industrie 4.0: Analyse des Status quo in der Finanzbranche*. ibi research an der Universität Regensburg.

Brühl, V. (2017). Distributed Ledgers und Industrie 4.0 – Warum Finanzwirtschaft und Industrie stärker zusammenwachsen werden. *Zeitschrift für das gesamte Kreditwesen, 11*, 544–547.

Creditshelf. (2018). *Industrieller Mittelstand und Finanzierung 4.0*.

Jünemann, M. (2017). Neue Wege der Unternehmensfinanzierung durch Internet of Things und Industrie 4.0. *Corporate finance: Finanzierung, Kapitalmarkt, Bewertung, Mergers & Acquisitions, 8*(11/12), 339–343.

Pähler, P., & Rundshagen, M. (2018). Das Internet der Dinge erfordert neue Finanzdienstleistungen. In V. Brühl & J. Dorschel (Hrsg.), *Praxishandbuch Digital Banking* (S. 343–356). Springer Gabler.

Paul, S. (2019). Industrie 4.0 – Auswirkungen auf Finanzierungsinstrumente und -prozesse sowie den Finanzleiter der Unternehmung. In R. Obermaier (Hrsg.), *Handbuch Industrie 4.0 und Digitale Transformation* (S. 683–701). Springer Gabler.

Das Zeitalter innovativer Geschäftsmodelle – ein Überblick

2

Eine Innovation ist allgemein definiert als erstmalige wirtschaftliche Nutzung einer technischen Invention. Der Gebrauch des Begriffs in Wirtschaft und Wissenschaft bezieht sich im Kontext von Industrie- und Technologieunternehmen traditionell fast ausschließlich auf Produkt- und Prozessinnovationen und folgt damit einer ergebnisorientierten Sichtweise. Exemplarisch für diesen dominanten Fokus sei hier auf die Innovationserhebung des ZEW verwiesen, die für 2021 ausweist, dass im vorangegangenen Dreijahreszeitraum ca. 31,4 % aller deutschen Unternehmen Produkt- und ca. 49,4 % Prozessinnovationen eingeführt haben (vgl. Rammer et al., 2022, S. 6). Die Unterscheidung zwischen Produkt- und Prozessinnovationen nimmt dabei schon vorweg, dass eine Differenzierung grundsätzlich auf Basis des Innovationsgegenstands bzw. -objekts, d. h. der Einführung neuer Produkte bzw. Dienstleistungen oder neuer Prozesse, erfolgt (vgl. Gerpott, 2005, s. 38). In der Literatur finden sich darüber hinaus weitere Differenzierungsmerkmale eines ergebnisorientierten Innovationsbegriffs: So können z. B. auch der Innovationsgrad (verstanden als Kontinuum zwischen radikalen und inkrementellen Innovationen) oder der Innovationsauslöser (Markt oder Kunde) als Merkmale herangezogen werden, um Innovationen zu klassifizieren. Gemein ist diesen Klassifikationsbemühungen jedoch stets, dass der Begriff der „Geschäftsmodellinnovation" keinen Teil der vorherrschenden ergebnisorientierten Sichtweise auf Innovationen darstellt und demnach den (bisher) dominanten Fokus der Produkt- bzw. Prozesszentriertheit im Innovations- und Technologiemanagement verdeutlicht (vgl. Schallmo & Brecht, 2010, S. 6).

In der Diskussion um die Erhaltung von Wettbewerbsfähigkeit und Innovationsführerschaft gewinnt die Auseinandersetzung mit innovativen Geschäftsmodellen (engl. Business Model Innovation) als Erfolgsdeterminante inzwischen aber sowohl in der wissenschaftlichen Literatur als auch der betrieblichen Praxis an Momentum. Bedingt durch die relativ junge Forschungsthematik mangelt es derzeit jedoch noch an validen wissenschaft-

E. Lukas et al., *Smart Finance und IIoT*, https://doi.org/10.1007/978-3-658-45480-7_2

lichen Analysen und Thesen. Erste Erkenntnisse deuten allerdings schon darauf hin, dass sich mithilfe eines auf der „Geschäftsmodell-Logik“ ausgerichteten Innovationsmanagements zusätzliche Innovationspotenziale erschließen lassen, die mit reinen Prozess- bzw. Produktinnovationen nicht erzielt werden können (vgl. Freisinger et al., 2021): Einerseits können bei servicezentrierten Geschäftsmodellen erhobene Nutzungsdaten zur fortwährenden kundenspezifischen Produkt- bzw. Prozessverbesserung herangezogen werden (siehe Abb. 2.1), andererseits deuten Ereignis- bzw. Performancestudien darauf hin, dass innovative Geschäftsmodelle am Kapitalmarkt – sowohl in kurzfristiger als auch in langfristiger Perspektive – signifikant höhere Überrenditen als reine Prozess- bzw. Produktinnovationen erzielen (vgl. z. B. Amit & Zott, 2012; Lindgardt et al., 2009).

Ein „Geschäftsmodell“ stellt im eigentlichen Sinne eine Abstraktion der unternehmerischen Wertschöpfungskette dar und kann als Logik verstanden werden, wie ein Unternehmen Werte für seine Kunden erzeugt, liefert, sichert und die damit verbundenen Zahlungen in Gewinne (Wertzuwächse) transformiert (vgl. Osterwalder & Pigneur, 2011, S. 14; Teece, 2010, S. 173). Innerhalb der wirtschaftswissenschaftlichen Literatur fehlt es dem Konzept „Geschäftsmodell“ allerdings an theoretischer Fundierung, da in wissenschaftlichen Analysen regelmäßig der als vollständig unterstellte Marktmechanismus die Probleme löst, wohingegen in der betrieblichen Praxis angesichts von Unvollkommenheiten/Friktionen Geschäftsmodelle entworfen werden müssen (vgl. Chesbrough & Rosenbloom, 2002; Teece, 2010, S. 175 f.). Insofern kommt dem Konzept in Ermangelung einer allgemein gültigen Theoriebildung eine pragmatische Analyse-

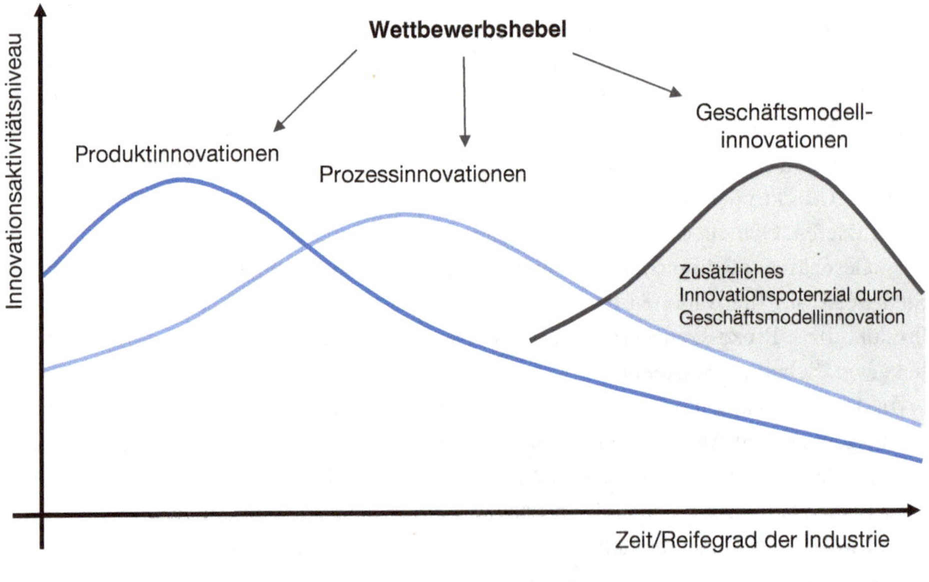

Abb. 2.1 Innovationspotenzial infolge von Prozess-, Produkt- und Geschäftsmodellinnovationen in Abhängigkeit des Reifegrads einer Industrie in Anlehnung an Gassmann et al., (2020, S. 6) sowie Vahs und Brem (2015, p. 58)

funktion im Sinne einer „Heuristik" zu, d. h. es ermöglicht die strukturierte Untersuchung, welche Schlüsselfaktoren unternehmerischen Erfolg bzw. Misserfolg treiben. Anders formuliert: Ein Geschäftsmodell beschreibt, wie ein Unternehmen in einem realen Marktumfeld Werte generieren kann. Weiterhin lässt sich das Geschäftsmodellkonzept dazu nutzen, um neue Geschäftsideen systematisch darzulegen und zu evaluieren. In der Praxis haben sich zur Beschreibung von Geschäftsmodellen sowohl komplexe „Business Model Canvas"[1] als auch einfachere Ansätze wie z. B. der St. Gallener Business Model Navigator durchgesetzt. Der zuletzt genannte Ansatz charakterisiert ein Geschäftsmodell anhand von vier Dimensionen und flankierender Fragekomplexe (vgl. Gassmann et al., 2020, S. 9):

1) **Kundensegment:** Steht im Zentrum der Betrachtungsweise und definiert die Kundensegmente, die es zu adressieren gilt (*Wer sind die Zielkunden?*).
2) **Nutzenversprechen:** Definiert alle Leistungen (Produkte und Dienstleistungen), die auf die Befriedigung der nutzenstiftenden Kundenbedürfnisse ausgerichtet sind (*Was soll dem Kunden angeboten werden?*).
3) **Wertschöpfungskette:**[2] Definiert sowohl Prozesse und Aktivitäten als auch Ressourcen und Fähigkeiten entlang der Wertschöpfungskette zur Umsetzung des Nutzenversprechens (*Wie wird die Leistung hergestellt bzw. bereitgestellt?*).
4) **Ertragsmechanik:** Definiert Kostenstruktur und Umsatzmechanismen zur Wahrung des finanziellen Gleichgewichts der Unternehmung (*Wie wird der Wert erzielt?*).

Diese vier Dimensionen bilden zusammen das „Magische Dreieck" des St. Gallener Business Model Navigator, das in Abb. 2.2 dargestellt ist. Erfolgreiche Geschäftsmodelle zeichnen sich in diesem Strukturierungsansatz nun dadurch aus, dass sich die Dimensionen in ihrer Kombination gegenseitig ergänzen. Im Ergebnis lässt sich damit ein ausdifferenziertes, schwer imitierbares Alleinstellungsmerkmal erzielen (vgl. Schallmo, 2013, S. 16).

Obwohl konzeptionell selbstverständlich mannigfaltige Kombinationsmöglichkeiten im Zuge der Konkretisierung eines Geschäftsmodells existieren, scheint es sich bei den praktischen Umsetzungen auf Unternehmensebene allerdings mehr oder weniger um marginale Abwandlungen „generischer" Geschäftsmodelle zu handeln. Zur Untermauerung dieser Aussage haben Gassmann et al. (2020) über einen Zeitraum von 50 Jahren bedeutende Geschäftsmodelle untersucht und festgestellt, dass 90 % der identifizierten Geschäftsmodelle Rekombinationen von 55 generischen Geschäftsmodellen darstellen. Abb. 2.3 gibt einen Überblick über die identifizierten Geschäftsmodelle.

[1] Vgl. z. B. Osterwalder und Pigneur (2011).

[2] Da Wertschöpfung sowohl organisch, d. h. intern, als auch in Kooperation mit Partnern erfolgen kann, umfasst die dritte Dimension auch die möglichen Kooperationsbeziehungen mit externen Partnern. Vgl. Schallmo (2013, S. 16), der zwischen ‚Wertschöpfungsdimension' und ‚Partnerdimension' differenziert.

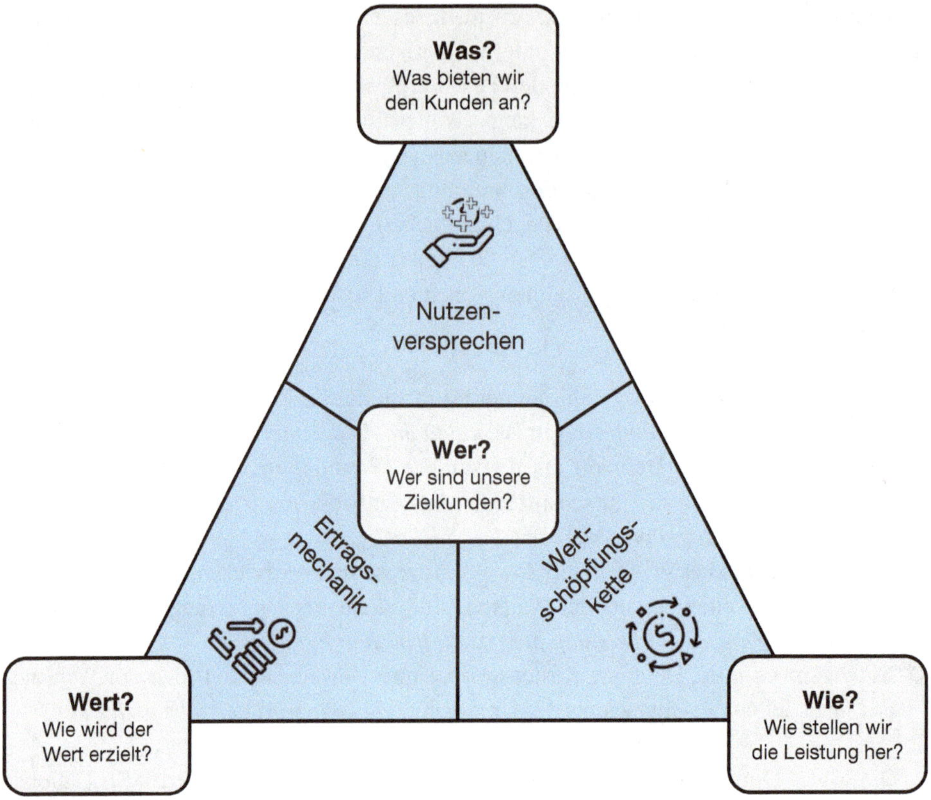

Abb. 2.2 Magisches Dreieck (vgl. Gassmann et al., 2020, S. 9)

Im Gegensatz zu der seit geraumer Zeit intensiv geführten Diskussion über die Bedeutung von Geschäftsmodellen für den Unternehmenserfolg befindet sich die wissenschaftliche Auseinandersetzung mit dem Begriff „Geschäftsmodellinnovation" in einem noch recht jungen Stadium. So wurden für den ersten Analyseschwerpunkt im Zeitraum zwischen 1972 und 2015 z. B. über die Zeitschriftendatenbank Scopus insgesamt 7391 wissenschaftliche Publikationen in begutachteten Fachzeitschriften („Peer-reviewed Journals") ausgewiesen, wohingegen sich im selben Zeitraum die Anzahl wissenschaftlicher Publikationen zum Thema „Geschäftsmodellinnovation" auf lediglich 349 belief (vgl. Foss & Saebi, 2017, S. 203). In jedem Fall ist aber zu konstatieren, dass Geschäftsmodellinnovationen inzwischen als bedeutender neuartiger Innovationstreiber gesehen werden, der die traditionellen Innovationsarten (Prozess- und Produktinnovation) ergänzt bzw. komplementiert (vgl. Zott et al., 2011, S. 1032).

Eine Geschäftsmodellinnovation kann allgemein als die Veränderung eines bestehenden Geschäftsmodells oder die Schaffung eines völlig neuen Geschäftsmodells aufgefasst werden, wobei sich eine einheitliche Begriffsdefinition bisweilen jedoch noch nicht etablieren konnte. So definieren z. B. Gambardella und McGahan (2010,

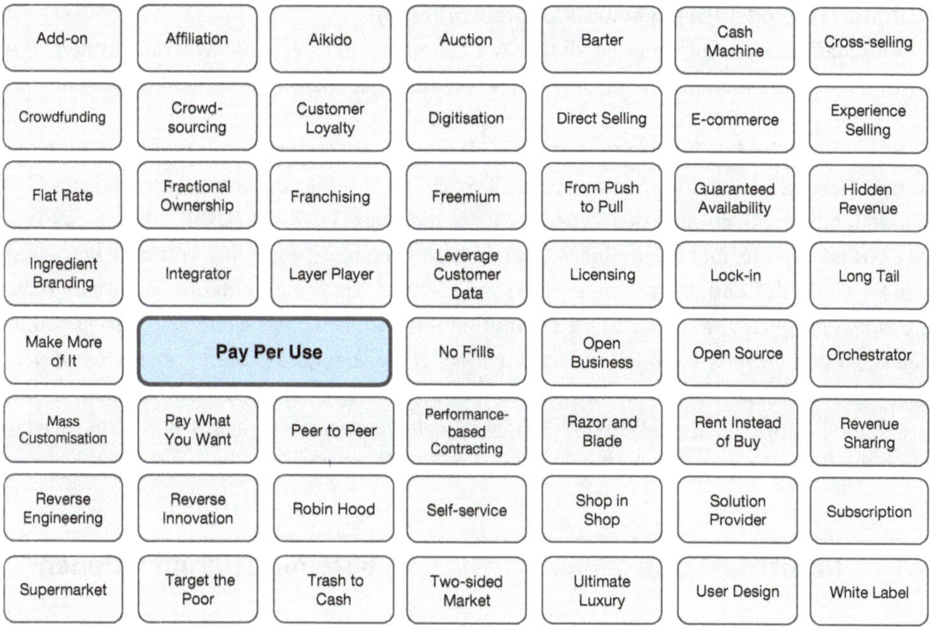

Abb. 2.3 55 generische Geschäftsmodelle im Überblick (vgl. Gassmann et al., 2020)

S. 263) Geschäftsmodellinnovation als „novel approach to commercializing [a firm's] underlying assets". Im Gegensatz dazu sprechen andere Autoren von Geschäftsmodellinnovation, wenn die gesamte Architektur eines Geschäftsmodells innoviert wird, d. h. einhergeht mit der Suche „for new logics of the firm and new ways to create and capture value for its stakeholders; it focuses primarily on finding new ways to generate revenues and define value propositions for customers, suppliers, and partners" (Casadesus-Masanell & Zhu, 2013, S. 464).

Im Kontext des zuvor bereits vorgestellten St. Gallener Business Model Navigator geht eine Geschäftsmodellinnovation stets mit der Veränderung bzw. Neuausrichtung von mindestens zwei der vier Elemente einher (vgl. Gassmann et al., 2020, S. 10). Vor diesem Hintergrund lassen sich Geschäftsmodellinnovationen grob untergliedern in (vgl. IBM, 2008, S. 49; Vahs & Brem, 2015, S. 62):

1. **Enterprise Model (Unternehmensmodellinnovationen)**:
   Geschäftsmodellinnovationen dieser Art führen zu einer Neuausrichtung der Wertschöpfung mit Blick auf Spezialisierung und Umstrukturierung. Konkret wird festgelegt, welche Aufgaben intern und welche in Kooperation mit externen Partnern erfüllt werden.
2. **Revenue Model (Umsatzmodellinnovationen)**:
   Geschäftsmodellinnovationen dieser Art führen zu einer Neuausrichtung hinsichtlich der Art und Weise der Umsatzgenerierung durch Etablierung neuer Preismodelle und Absatzkanäle.

3. **Industry Model (Branchenmodellinnovationen)**:
   Geschäftsmodellinnovationen dieser Art erfinden eine bestehende Branche neu, bereiten den Einstieg in eine neue Branche vor oder definieren völlig neue Branchen.

Einer IBM-Studie (2008) folgend, dominierten in der Praxis vor der Corona-Pandemie primär Geschäftsmodellinnovationen des Typs 1 (39 %) mit deutlichem Abstand vor Geschäftsmodellinnovationen des Typs 2 (23 %) und Typs 3 (18 %) (IBM, 2008, S. 47 ff.). Als Grund für die mehrheitliche Verwendung des ersten Typs wird von den befragten CEOs primär der Druck zur stärkeren Ausgliederung von Unternehmensfunktionen bzw. die Notwendigkeit zur verstärkten Kooperation mit Partnern bzw. Wettbewerbern genannt. Auch bei den Geschäftsmodellinnovationen des Typs 2 zeigt sich ein kohärentes Motiv: zunehmende Substitution von Erlösmodellen, die auf Einmalzahlungen beruhen, durch Erlösmodelle mit wiederkehrenden Einnahmen (‚recurring revenues') zur Monetarisierung von Services und zwecks Aufbau von Alleinstellungsmerkmalen.

2.1 Industrie 4.0 als „Enabler" von Geschäftsmodellinnovationen

Im Fokus von Industrie 4.0, im angelsächsischen Sprachgebrauch als Industrial Internet of Things (IIoT) bezeichnet, steht eine unternehmensinterne sowie unternehmensübergreifende datenbasierte Kommunikation und Informationsverarbeitung in den Bereichen Produktion und Logistik. Grundvoraussetzung für diese umfassende, intelligente Vernetzung von Maschinen, Objekten und Systemen ist die Digitalisierung physischer Produkte mittels Sensoren, Aktoren und internetfähigen Kommunikationsschnittstellen, was im Ergebnis zu digitalen Abbildern bzw. digitalen Zwillingen führt, die sowohl Maschinen- und Produktionsdaten synchron zum physischen Produkt in Echtzeit bereitstellen als auch die Funktionsweise der Maschine modellbasiert abbilden. Vor dem Hintergrund eines solchen technologieinduzierten Wandels unternehmerischer Wertschöpfung tritt die eingesetzte Technik primär als „Enabler" von Geschäftsmodellinnovationen auf. Das resultierende Innovationspotenzial der Geschäftsmodellinnovation hängt demnach maßgeblich vom IIoT-Entwicklungsstand des Unternehmens bzw. des betrachteten Produktes ab, zu dessen Erläuterung im Folgenden kurz das „Fünf-Ebenen-Modell" von Fleisch et al. (2015) herangezogen werden soll (vgl. Abb. 2.4).

Zur Veranschaulichung sei ein industrietauglicher 3D-Drucker betrachtet. Der physische Gegenstand selbst bildet die erste Ebene. Auf dieser Ebene entsteht für den Kunden ein direkter Nutzen, der räumlich auf die Produktionsstätte vor Ort begrenzt ist und durch den Maschinenbetrieb beschrieben wird. Die zweite Ebene der IIoT-induzierten Wertschöpfung ist erreicht, wenn die Fertigungsmaschine um Sensoren und Aktuatoren ergänzt wird. Mit Blick auf den 3D-Drucker könnten dies z. B. Temperatur-, Abstands- oder Vibrationssensoren bzw. Aktorik zum Schalten von angebundenen Transportprozessen sein. Auch hier ist der Nutzen für den Kunden lokal begrenzt. Die zusätzliche Informationsbereitstellung der Sensoren ermöglicht, vor Ort die Qualität des 3D-Drucks

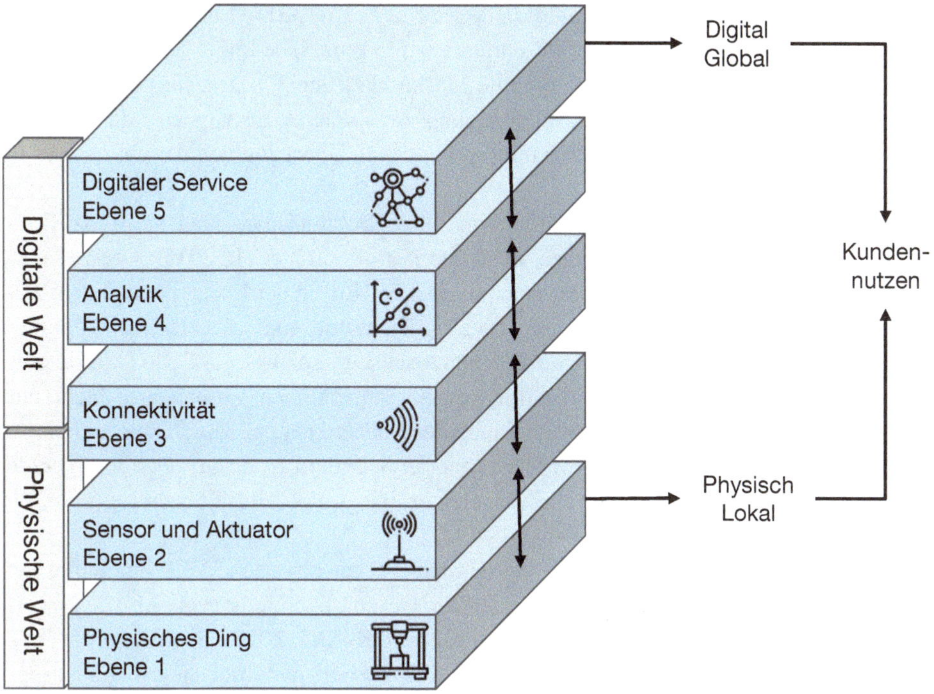

Abb. 2.4 Fünf-Ebenen-Modell in Anlehnung an Fleisch et al. (2015)

zu überwachen, um z. B. Schäden der Filamentzuführung frühzeitig detektieren zu können. Auf der dritten Ebene erfolgt dann die Anbindung der unteren Ebene an das Internet via Funktechnologie wie z. B. WLAN, ZigBee oder LoRaWAN (Low Range Wide Area Network). Damit kann der 3D-Drucker nun von außerhalb über seine IP-Adresse adressiert werden und seinen Zustand bzw. Fertigungsfortschritt melden. Auf der vierten Ebene kommen Techniken zum Einsatz, die die Sensordaten sammeln, validieren, speichern und Analysen durchführen. In dem als „Business Analytics" bezeichneten Prozessschritt geht es darum, (1.) mittels geeigneter Kennzahlen den Maschinenbetrieb zu charakterisieren und Fehler im Fertigungsprozess aufzuzeichnen (‚descriptive analytics'), (2.) zukünftige Zustände und Ereignisse vorherzusagen (‚predictive analytics') und (3.) im Idealfall daraus datengetriebene Optimierungsmodelle (‚prescriptive analytics') zu entwickeln, die Handlungsempfehlungen zur Vermeidung von Risiken oder zum Ergreifen von Chancen liefern (vgl. Grünert & Sejdić, 2017, S. 37). Bezogen auf den 3D-Drucker können so datengestützt Wartungsintervalle bzw. Ausfallzeiten prognostiziert oder mittels maschinellen Lernens aussagekräftige Online-Qualitätsmodelle zur Überwachung des komplexen Druckprozesses entwickelt werden. Die fünfte Ebene bündelt schließlich die Funktionalitäten der unteren Ebenen zu digitalen Dienstleistungsangeboten und stellt diese via Online-Plattformen global zur Verfügung. Aufträge können so z. B. digital von jedem Standort aus an den 3D-Drucker geschickt und der Prozessfortschritt in

Echtzeit überwacht werden, wodurch die Verfügbarkeit des 3D-Druckers nicht nur auf interne Wertschöpfungsnetzwerke beschränkt wird. Prozessbedingte Standzeiten können somit genutzt werden, um über digitale Marktplätze den 3D-Drucker Dritten zur individuellen Prototypen- bzw. Bauteilefertigung anzubieten. Die vorstehende Abb. 2.4 fasst die einzelnen Ebenen und den damit verbundenen Übergang von der physischen in die digitale Welt zusammen.

Das Fünf-Ebenen-Modell verdeutlicht in einer Gesamtschau zunächst, dass IIoT-Lösungen hybride Nutzenversprechen darstellen (vgl. Fleisch et al., 2015). Der Gesamtnutzen ergibt sich aus dem unveränderten physischen Nutzen der Maschine und dem Zusatznutzen infolge von IIoT-basierten Services. Weiterhin sind es gerade die Interdependenzen zwischen den einzelnen Ebenen, die ein solches, auf IIoT gestütztes Nutzenversprechen konstituieren. IIoT-getriebene Innovationen werden also nicht nur durch eine unidirektionale Aneinanderreihung der Ebenen, bei der Maschinen sukzessive mit IIoT-Technologien verkleidet werden, generiert, sondern es bedarf auch und gerade einer bis zum physischen Produkt hin ausgelegten Integration aller Ebenen (vgl. Fleisch et al., 2015, S. 447).

Im Grundsatz können nur durch eine derartige cyber-physische Verschmelzung die wesentlichen Komponenten eines bestehenden Geschäftsmodells (vgl. Abb. 2.2) verändert bzw. neu ausgerichtet werden (vgl. Brandt & Kordel, 2019). So ermöglicht IIoT im Fahrzeugbau die Vernetzung von Telematiksystemen, wodurch neue Kundensegmente bzw. Zielgruppen, wie z. B. „Pay-as-you-drive"-Versicherungen, erschlossen und neue Werteversprechen, wie z. B. Diebstahl- oder Restwertversicherungen, abgegeben werden können. Gegenwärtige Studien machen allerdings durchaus auch deutlich, dass es Industrieunternehmen schwerfällt, skalierbare IIoT-basierte Geschäftsmodellinnovationen zu generieren und sich die meisten praktischen Umsetzungen noch eher auf einer niedrigen IIoT-Entwicklungsstufe im Sinne des Fünf-Ebenen-Modells befinden (vgl. Lichtblau et al., 2015, S. 48). Erkennbar ist allerdings, dass IIoT enormen Einfluss auf die unterschiedlichen Komponenten eines Geschäftsmodells nehmen wird (vgl. Arnold et al., 2016, S. 11). Derartige Geschäftsmodellinnovationen werden im Folgenden näher betrachtet.

2.2 Nutzungsdatenbasierte Geschäftsmodelle

Nutzungsdatenbasierte Geschäftsmodelle gehen mit einem, gerade in einschlägigen Fachzeitschriften deutlich kolportierten Technologie- bzw. Wertschöpfungsversprechen einher, nach dem diese Geschäftsmodellinnovationen allen Beteiligten neue Chancen (Marktpotenziale) und damit Gewinnmöglichkeiten versprechen, die weit über eine Bindung bestehender Kunden und die Wahrung der Wettbewerbsfähigkeit hinausgehen. In dieser Logik überrascht es dann auch nicht, dass sogar Zukunftsszenarien postuliert werden, in denen es zu einem Zahlungsverkehrsaufkommen zwischen Maschinen untereinander kommt, also Maschinen in die Lage versetzt werden, selbständig Kredite abzubezahlen, Waren zu bestellen oder Preise untereinander auszuhandeln (vgl. Titsch, 2020). Diskutiert wird ferner die Etablierung neuer Kapitalmarktstandards, die es ermöglichen, Maschinen und Anlagen zu maßgeschneiderten Fonds-Investments zu bündeln. Damit geht das Versprechen einher, dass institutionelle Investoren attraktivere Renditen erwirtschaften und ihre Anlagerisiken besser streuen können (vgl. Wiebusch, 2022). Andere Auffassungen wiederum prophezeien die Entstehung digitaler Marktplätze, die Maschinen unterschiedlicher Hersteller bzw. die Shopfloors der Kunden zusammenbringen und es Banken ermöglichen, sich dort mit geeigneten Finanzierungsangeboten anzudocken (vgl. Ochs & Weber, 2022). Die nachfolgende Abb. 2.5 gibt einen Überblick über die aktuellen und potenziellen Stakeholder und Elemente eines nutzungsdatenbasierten Geschäftsmodells.

Entscheidend für solche Entwicklungslinien dürfte in jedem Fall eine enorme Standardisierung von Daten, Prozessen und Produkten sein, ein Zustand, von dem gegenwärtige Implementierungsversuche noch weit entfernt sind. Ursache hierfür ist sicherlich zum einen die per se enorme Komplexität derartiger Geschäftsmodelle. Zum anderen ist ein erhebliches Maß an unternehmensseitiger Bereitschaft notwendig, derartig radikale Transformationsprozesse einzugehen bzw. mitzugestalten. Im Folgenden soll daher näher auf den Begriff und die Ausdifferenzierungen (Gestaltungsformen) von nutzungsbasierten Geschäftsmodellen eingegangen sowie die besonderen Risiken (und Chancen) aufgezeigt werden.

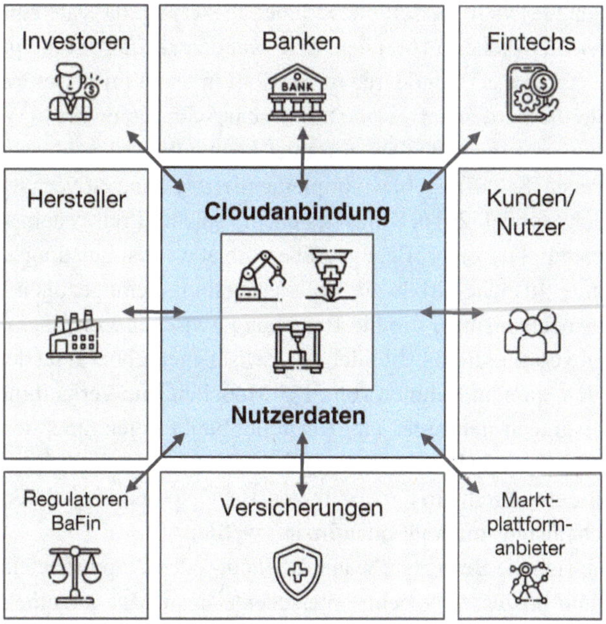

Abb. 2.5 Aktuelle und potenzielle Stakeholder eines nutzungsdatenbasierten Geschäftsmodells im Kontext von Industrie 4.0

2.2.1 Begriffsbestimmung

Die Idee, dem Kunden einen Preis pro „Nutzung“ zu berechnen, ist auf die Neuausrichtung der Preissysteme der Unternehmen Xerox oder Rolls Royce zurückzuführen. So begann Xerox schon in den 1970-iger Jahren, seine Kopierer nicht mehr an Firmenkunden zu verkaufen, sondern zu vermieten. Firmenkunden bezahlten somit nur einen Preis pro erstellter Kopie (vgl. Chesbrough & Rosenbloom, 2002). In den 1990-iger Jahren revolutionierte Rolls Royce die Luftfahrindustrie, indem das Unternehmen – neben dem Verkauf bzw. Erwerb – Kunden ebenfalls die Möglichkeit bot, die Nutzung von Flugzeugturbinen im Rahmen von Dienstleistungsverträgen pro Flugstunde abzurechnen (vgl. Smith, 2013). Ausgehend von diesen punktuellen Impulsen sind „Pay-per-Use“-Modelle (PPU-Modelle) im letzten Jahrzehnt dann in vielen Branchen eingesetzt bzw. angeboten worden. Es gibt sie nunmehr u. a. auch in der Automobilbranche, der Versicherungs-, der Software- und der Musikindustrie sowie im Anlagen- und Maschinenbau, betitelt mit z. B. ‚pay-per-part‘, ‚pay-per-lux‘, ‚pay-per-risk‘, ‚pay-per-sheet‘, ‚pay-as-you-drive‘ oder ‚pay-how-you-use‘. Vor dem Hintergrund der skizzierten Heterogenität ist es schließlich auch nicht unbedingt überraschend, dass nicht alle mit nutzungsbasiert umschriebenen Geschäftsmodellinnovationen auf (Ab-)Nutzungsdaten beruhen. Als Beispiel sei an dieser Stelle der Reifenhersteller Michelin und dessen Geschäftsmodell EFFIFUEL™ genannt, dessen Grundlage nicht die Reifenabnutzung, sondern die Kraftstoffeinsparungen infolge effizienter Reifen sind (vgl. Gebauer et al., 2016, S. 40).

Gemein ist allen Geschäftsmodellinnovationen dieser Art, dass sie zum einen auf dem Konzept eines „Non-Ownership“ beruhen, d. h. Kunden „acquire some property rights to an asset and are offered a certain degree of freedom in using this asset for a specified period of time while the burdens of ownership remain with the owner“ (Wittkowski et al., 2013, S. 172). Zum anderen fußen sie auf einer hochauflösenden Messfähigkeit und der daraus resultierenden Schaffung bzw. Implementierung innovativer, servicezentrischer Preissysteme. Nach Stoppel (2016, S. 52) besteht ein solches Preissystem aus zwei wesentlichen Komponenten: (1.) einer Bezugsgröße, oft auch als Leistungskomponente bezeichnet, die festlegt, welche Größe zur Preisfeststellung herangezogen wird, sowie (2.) dem Berechnungsmechanismus, der die Beziehung zwischen Leistungskomponente und monetärem Gegenwert funktional abbildet. Als Zwischenergebnis kann demnach zunächst festgehalten werden, dass im Rahmen von PPU-Modellen kein Verkauf mehr von Produkten bzw. Dienstleistungen stattfindet. Der Hersteller bleibt Eigentümer des Produktes, wohingegen der Kunde innerhalb einer vertraglich fixierten Laufzeit periodische Entgelte zahlt, die sich an einer durch IIoT messfähigen Bezugsgröße orientieren und durch den Berechnungsmechanismus monetär quantifiziert werden.

Je nachdem, ob sich die Bezugsgröße auf die Input- oder Outputseite eines Produktions- bzw. Wertschöpfungsprozesses bezieht, unterscheidet man ganz allgemein zwischen nutzungsabhängigen, ereignisabhängigen und erfolgsabhängigen Preissystemen. Nutzungsbasierte Preissysteme (‚reines pay-per-use‘) beziehen sich auf die Inputseite und bestimmen auf Grundlage der kundenspezifischen Nutzungsintensität den Zahlungsstrom. Als Beispiele sind hier ‚pay-per-hour‘ oder ‚pay-per-lux‘ zu nennen. Obwohl eine starke Nutzung im

Grundsatz stets eine höhere Zahlung bedingt, ist ein solcher linearer Zusammenhang aber nicht zwingend. In der praktischen Umsetzung finden sich primär hybride Modelle, in denen fast immer nutzungsunabhängige Preiskomponenten sowie oftmals auch degressive bzw. progressive funktionale Beziehungen zwischen Preis und Nutzung Eingang in den Berechnungsmechanismus finden (vgl. Büschken, 1997, S. 5). Ergebnisbasierte Preissysteme (‚pay-per-output') zielen auf das Ergebnis basierend auf der Nutzung von Anlagen und Maschinen ab und sind somit output-seitig definiert. Die Zahlung korreliert also mit der Anzahl produzierter Teile (‚pay-per-part'), klinischer Bilder (‚pay-per-scan') oder absolvierter Waschzyklen (‚pay-per-wash'). Im Gegensatz zu nutzungsbasierten Preismodellen ist der Hersteller bei diesen Ansätzen zusätzlich in die Optimierung von Prozessen beim Kunden involviert bzw. übernimmt diese vollständig, um so die Effizienz bzw. Effektivität der in seiner Verantwortung liegenden Infrastruktur stetig zu verbessern (vgl. Stoppel, 2016, S. 65). Im zuvor bereits erwähnten Beispiel der Kraftstoffeinsparung manifestiert sich schließlich der Kerngedanke erfolgsbasierter Preissysteme (‚pay-per-performance')[3], die ebenfalls output-seitig definiert sind. Grundlage für den an den Hersteller zu entrichtenden Preis ist in diesen Fällen nunmehr der ökonomische Erfolg des Kunden, der sich durch die Nutzung des Anlagegutes einstellt. Dabei kann sich ‚ökonomischer Erfolg' im Sinne eines Vorteils auf Kosteneinsparungen, höhere Deckungsbeiträge oder Gewinnsteigerungen beziehen (vgl. Stoppel, 2016, S. 66). Im Gegensatz zu den zuvor dargestellten Preissystemen ist hier die Verflechtung zwischen Kunde und Hersteller am stärksten, da es de facto zu einer Aufteilung des zusammen geschaffenen Werts zwischen den beiden Unternehmen kommt. Die nachfolgende Abb. 2.6 verdeutlicht am Beispiel eines nutzungsbasierten Preissystems die möglichen Komponenten des Berechnungsmechanismus.

Die Vorteile derartiger Geschäftsmodelle für Hersteller und Kunde liegen auf der Hand: Für den Kunden entfallen die hohen Einmalzahlungen durch die Anschaffung einer neuen Maschine. Im Falle einer schlechteren Auftragslage muss zudem weniger bezahlt werden, was wiederum finanzielle Mittel schont bzw. die Liquidität verbessert und darüber hinaus Umsatz und Aufwand unmittelbar synchronisiert. Weiterhin kann der Kunde schneller auf Innovationszyklen reagieren, da ein kostengünstiger Zugang zu neuen Technologien ermöglicht wird. Der Hersteller wiederum erschließt durch zusätzliche Service- und Dienstleistungsangebote neue Einnahmemöglichkeiten und verbessert nachhaltig die Kundenbindung. Ferner können auf der Grundlage der Nutzungsdaten Produkt- bzw. Prozessinnovationspotenziale besser ausgelotet bzw. Innovationen insgesamt kundengerechter ausgerichtet werden.

Vor dem Hintergrund dieser Heterogenität bei der Ausgestaltung des Preissystems wäre eine Übersetzung der Abkürzung ‚PPU' mit ‚pay-per-utility' eigentlich treffender. In der Praxis hat sich allerdings die Bezeichnung ‚Pay-per-X' (PPX) durchgesetzt, bei der das „X" als Platzhalter für eine Vielzahl von Bezugsgrößen fungiert. Im weiteren Verlauf der Ausführungen wird daher nunmehr ebenfalls PPX (anstatt PPU) verwendet. Die nachfolgende Tab. 2.1 gibt im Sinne einer Zusammenfassung einen Überblick über ausgewählte PPX-Geschäftsmodelle in der Praxis.

[3] In der Literatur oft auch als ‚pay-per-outcome' bezeichnet. Vgl. z. B. Uski et al. (2022).

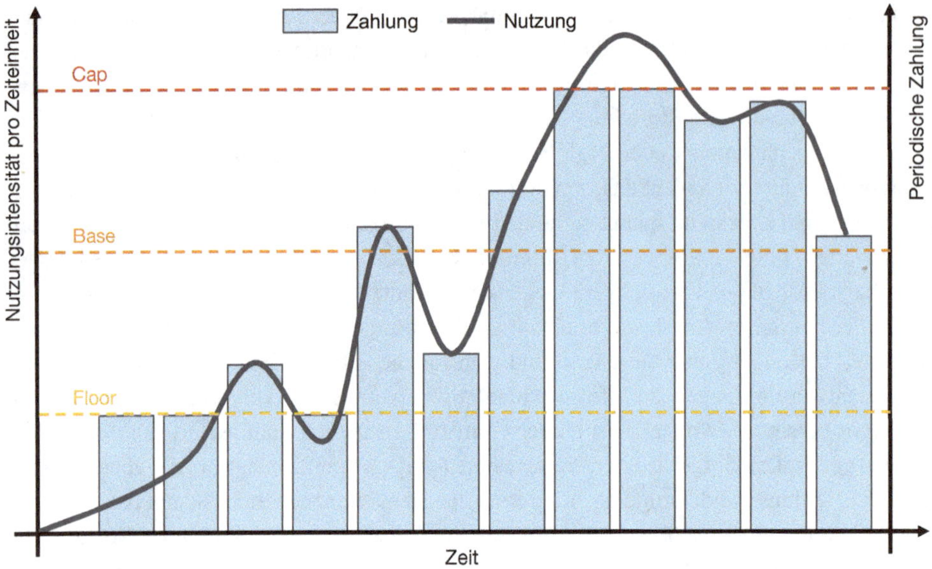

Abb. 2.6 Beispielhafte Darstellung eines PPX-Berechnungsmechanismus. Der ‚Floor' kennzeichnet die untere Grenze und markiert die Mindestzahlung in einer Abrechnungsperiode, sollte eine Nutzungsdauer bzw. Ausbringungsmenge unterschritten werden. Der ‚Cap' markiert die Obergrenze und gibt die maximale Zahlung an, die bei höheren Ausbringungsmengen bzw. einer höheren Nutzungsdauer zu entrichten ist

Tab. 2.1 Ausgewählte Beispiele von „Pay-per-X"-Geschäftsmodellen aus der Praxis

Unternehmen	Service	Preissystem	Schwerpunkt
DMG Mori	Pay-per-Use	Nutzungsbasiert	Nutzungsbasierte Spindelstundengebühr z. B. in Zusammenhang mit der Nutzung einer 3-Achs-Universalfräsmaschine
Heidelberger Druckmaschinen	Pay-per-Print	Ergebnisbasiert	Nutzungsbasierte Gebühr pro bedruckter Bogen z. B. in Zusammenhang mit der Nutzung Heidelberg Speedmaster XL 106
Philips	Pay-per-Lux	Nutzungsbasiert	Nutzungsbasierte Gebühr auf Basis der benötigten Menge an Licht
Kaeser Kompressoren	Pay-as-you-Use	Nutzungsbasiert	Nutzungsbasierte Gebühr pro genutztem Kubikmeter Druckluft
Michelin	Pay-per-Performance	Erfolgsorientiert	Zahlung orientiert sich an eingespartem Kraftstoff auf 100 km und Fahrzeug mit Leistungsversprechen und Geld-zurück-Garantie
Miele	Pay-per-Wash	Ergebnisbasiert	Nutzungsbasierte Gebühr pro Waschgang z. B. in Zusammenhang mit der Nutzung der Performance Plus Waschmaschine PW811

2.2.2 Fallstudienbeispiel (I/II): Finanzwirtschaftliche Eigenschaften von PPX-Modellen

Die bisher eher auf einer allgemeinen Ebene diskutierten ökonomischen Vorteile von PPX-Geschäftsmodellen sollen nun im Rahmen eines kompakten investitionstheoretischen Beispiels näher verdeutlicht und auf diese Weise nachvollziehbarer werden. In Bezug auf ihre finanzwirtschaftlichen Charakteristika weisen alle PPX-Varianten sehr ähnliche Eigenschaften auf: Da der Maschinenkunde nur für die in Anspruch genommene Nutzung bezahlt, dauert es im Vergleich zu herkömmlichen Verkäufen länger, bis Einnahmen aus der Nutzung die Kosten (Ausgaben) decken und das Unternehmen Überschüsse erzielt. Neben den Kosten für Forschung und Entwicklung (F&E) fallen vor allem Betriebs- und Wartungskosten ins Gewicht, die eine reibungslose Produktnutzung sicherstellen. Zu nennen sind an dieser Stelle z. B. Ausgaben für die Betriebsunterstützung, Inspektionen, Reparaturen oder die Bereitstellung von Ersatzteilen. Diese Beispiele machen deutlich, dass die Höhe der Kosten maßgeblich von der Intensität der Produktnutzung bestimmt wird. Insofern hängen auch die Überschüsse, die Maschinenhersteller mittels derartiger Geschäftsmodellinnovationen erzielen können, maßgeblich von der Fähigkeit ab, die Produktnutzung der Kunden vorhersagen zu können. In jedem Fall wird aber ein Prognoserisiko verbleiben, dem Unternehmen auf zwei unterschiedliche Arten entgegenwirken können: Zum einen können bei der Ausgestaltung von „Pay-Per-Use"-Gebühren Risikoaufschläge angesetzt werden (vgl. Cusumano et al., 2015; Ulaga & Reinartz, 2011). Zum anderen lässt sich durch die Entwicklung langlebigerer Produkte in Kombination mit einer möglichst effizienten Reparatur-, Wartungs- und Ersatzteillogistik der Zusammenhang zwischen Nutzungsintensität und Kosten abschwächen bzw. entkoppeln.

Vor dem Hintergrund dieser Überlegungen soll nachfolgend im Rahmen eines Rechenbeispiels der Unterschied zwischen (Ver-)Kauf und PPX-Geschäftsmodell aus finanzwirtschaftlicher Perspektive beleuchtet werden. Zur Vereinfachung der Analyse seien steuerliche Aspekte vernachlässigt und weiterhin angenommen, dass Darlehenszins und Kalkulationszins gleich groß sind. Zur Bestimmung der Vorteilhaftigkeit der Handlungsalternativen wird die Netto-Kapitalwertmethode herangezogen.

a) *Ausgangssituation: Klassischer Ratenkredit*

Ein junges Start-up-Unternehmen (Maschinenkunde K) plant die Anschaffung von vier Präzisions-Fräsmaschinen neuester Generation von einem mittelständischen Maschinenhersteller (H) im Wert von insgesamt € 1,2 Mio. Mit den Fräsmaschinen sollen Zwischenprodukte für Windkraftanlagen produziert werden. Das Unternehmen geht davon aus, in den nächsten sechs Jahren folgende Stückzahlen $m_t = \{250; 280; 260; 252; 300; 290\}$ pro Jahr beginnend ab Jahr 1 zu einem Stückpreis von $p = € 1.000$ absetzen zu können. Unter Vernachlässigung von Herstellungskosten ergibt sich somit ein Cash Flow von $CF_t = \{-1.200; 250; 280; 260; 252; 300; 290\}$ (Angaben in TEUR). Da die Eigenmittel zur Deckung der Anschaffungskosten nicht ausreichen, möchte das Unternehmen mit einer Bank (B) einen Ratenkredit i.H.v. € 1,2 Mio. mit festen Raten und einer Laufzeit von 6 Jahren zu einem Zins $r = 9\,\%$ p.a. vereinbaren. Die jährlichen Raten würden $R = 1.200.000/6 = € 200.000$ entsprechen.

Tab. 2.2a verdeutlicht den theoretischen Kapitalfluss zwischen den Stakeholdern. Der Maschinenhersteller H würde in $t = 0$ eine durch die Bank finanzierte Einmalzahlung erhalten. Der Maschinenkunde K wiederum würde Verkaufserlöse erzielen und einen jährlichen Kapitaldienst an die Bank entrichten. Unterstellt man einen Kalkulationszins in gleicher Höhe wie den Darlehenszins, wäre die Investition in den Maschinenpark für das Unternehmen vorteilhaft. Der Netto-Kapitalwert bestimmt sich infolge der saldierten Ein- und Auszahlungen gemäß Tab. 2.2a zu:

$$NPV_K = -1.200.000 + 1.200.000 + \sum_{t=1}^{6} \frac{1.000m_t - KD_t}{(1+r)^t} = €12.220.$$

Allerdings fällt auf, dass die schwankenden Absatzmengen unmittelbar Einfluss auf die Liquidität des Unternehmens nehmen, was durch einen schwankenden Schuldendienstdeckungsgrad (Debt Service Coverage Ratio, DSCR) zum Ausdruck kommt. In den ersten vier Jahren ist dieser < 0 und deutet auf ein längerfristiges Liquiditätsproblem hin. Die in den ersten beiden Jahren generierten Einnahmen decken z. B. nur zu 81 % bzw. 97 % den anfallenden Kapitaldienst. Die Bank prüft daraufhin die Vorteilhaftigkeit der Kreditvergabe und ermittelt einen Darlehenslaufzeitdeckungsgrad (Life of Loan Coverage Rate, LLCR) i. H. v.:

$$LLCR = \frac{\sum_{t=1}^{6} \left(\frac{1.000m_t}{(1+r)^t} \right)}{1.200.000} = 1,01$$

der deutlich kleiner als praxisübliche Werte von 1,25 ist. Im Ergebnis werden sowohl die Bank als auch das junge Unternehmen die Kreditfinanzierung nicht umsetzen. Der Maschinenhersteller kann somit die Maschine nicht absetzen.

b) *Herstellerseitiger „Pay-per-Output"-Vertrag*
Der Maschinenhersteller H gilt als Marktführer in seinem Segment und ist traditionell sehr eigenkapitalstark. Da die Maschinen grundsätzlich internetfähig sind und zahlreiche Telemetriedaten mittels Sensoren aufzeichnen, bietet man dem Maschinenkunden K als Alternative zum Kauf einen „Pay-per-Output"-Vertrag an. Die Rahmendaten des Vertrages sind wie folgt: Die jährlichen Tilgungsraten orientieren sich an den jährlichen Ausbringungsmengen der Fräsmaschinen. Zur Bestimmung des funktionalen Zusammenhangs orientiert man sich an der Tilgungsrate des Ratenkredits und geht davon aus, dass zu deren Deckung 201 Zwischenprodukte pro Jahr von den Fräsmaschinen produziert werden müssen. Somit trägt ein produziertes Zwischenprodukt zur jährlichen Tilgung i. H. V. € 995 bei. Es gilt:

$$PPU(m_t) = \gamma m_t$$

mit γ = € 995. Tab. 2.2b verdeutlicht den durch den PPX-Vertrag veränderten Kapitalfluss zwischen den Stakeholdern: Das junge Start-up-Unternehmen erwirtschaftet nach

Tab. 2.2 Zahlungsströme zwischen den Stakeholdern Maschinenhersteller, Maschinenkunde und Hausbank des Maschinenkunden für den Fall a) eines traditionellen Ratenkredits sowie b) eines durch den Maschinenhersteller angebotenen PPX-Geschäftsmodells

(a)

Maschinenhersteller	0	1	2	3	4	5	6
Cash Flow [TEUR]	1.200,00 €	0,00 €	0,00 €	0,00 €	0,00 €	0,00 €	0,00 €
Darlehenszins	0,09						
Kalkulationszins	0,09						

Maschinenkunde	0	1	2	3	4	5	6
Output m	0	250	280	260	252	300	290
Investition [TEUR]	-1.200,00 €	250,00 €	280,00 €	260,00 €	252,00 €	300,00 €	290,00 €
Darlehen KD [TEUR]	1.200,00 €	-308,00 €	-290,00 €	-272,00 €	-254,00 €	-236,00 €	-218,00 €
Tilgungsrate [TEUR]		-200,00 €	-200,00 €	-200,00 €	-200,00 €	-200,00 €	-200,00 €
Zinsen [TEUR]		-108,00 €	-90,00 €	-72,00 €	-54,00 €	-36,00 €	-18,00 €
Restschuld [TEUR]		1.000,00 €	800,00 €	600,00 €	400,00 €	200,00 €	0,00 €
Saldo [TEUR]	0,00 €	-58,00 €	-10,00 €	-12,00 €	-2,00 €	64,00 €	72,00 €
NPV [TEUR]	12,22 €						
Kennzahlen							
DSCR		0,81	0,97	0,96	0,99	1,27	1,33
LLCR	1,01						
Average DSCR	1,05						

Bank	0	1	2	3	4	5	6
Darlehen [TEUR]	-1.200,00 €	308,00 €	290,00 €	272,00 €	254,00 €	236,00 €	218,00 €

(b)

Maschinenhersteller	0	1	2	3	4	5	6
Pay-per-outcome [TEUR]	0,00 €	248,76 €	278,61 €	258,71 €	250,75 €	298,51 €	288,56 €
Cash Flow [TEUR]	-1.200,00 €	248,76 €	278,61 €	258,71 €	250,75 €	298,51 €	288,56 €
Varianz		20	20	20	20	20	20
NPV	6,19 €						
VOLA	8,24 €						
Darlehenszins	0,09						
Kalkulationszins	0,09						
Kalkulationszins Hersteller	0,09						

Maschinenkunde	0	1	2	3	4	5	6
Output m	0	250	280	260	252	300	290
Erlöse [TEUR]	0,00 €	250,00 €	280,00 €	260,00 €	252,00 €	300,00 €	290,00 €
Pay-per-outcome [TEUR]	0,00 €	-248,76 €	-278,61 €	-258,71 €	-250,75 €	-298,51 €	-288,56 €
Saldo [TEUR]	0,00 €	1,24 €	1,39 €	1,29 €	1,25 €	1,49 €	1,44 €
NPV [TEUR]	6,03 €						
Kennzahlen							
DSCR		1,01	1,01	1,01	1,01	1,01	1,01

Bank	0	1	2	3	4	5	6
Darlehen [TEUR]	0,00 €	0,00 €	0,00 €	0,00 €	0,00 €	0,00 €	0,00 €

wie vor die durch die schwankende Ausbringungsmenge bestimmten Erlöse. Da sich die PPX-Zahlungen an den Maschinenhersteller H an der schwankenden Ausbringungsmenge orientieren, stabilisiert sich die Liquidität des Unternehmens. Der periodische Schuldendienstdeckungsgrad ist stets größer 1 und konstant bei 1,01. Neben der Harmonisierung der Liquidität zeigt sich weiterhin, dass der Maschinenkunde K für die Ermöglichung der Nutzung der Anlagen keine Bank mehr beteiligen muss, da das Unternehmen kein Kapital mehr zur Finanzierung der Maschinen benötigt. Der Maschinenpark verbleibt im Eigentum des Maschinenherstellers H. Aus Sicht des jungen Start-up-Unternehmens weist der PPX-Vertrag einen Netto-Kapitalwert i. H. v.:

$$NPV_K = \sum_{t=1}^{6} \frac{p * m_t - PPU_t(m_t)}{(1+r)^t} = \sum_{t=1}^{6} \frac{(p-\gamma)m_t}{(1+r)^t} = €6.030$$

auf. Ein direkter Vergleich der beiden Finanzierungsmöglichkeiten macht deutlich, dass sowohl Maschinenhersteller als auch -kunde von einem PPX-Vertrag profitieren. Der PPX-Vertrag geht mit einer Umverteilung des, nur hypothetisch generierten, Netto-Kapitalwertes einher, der sich aus der Kreditalternative ergeben hätte. Das junge Start-up-Unternehmen verzichtet auf einen Teil dieses Netto-Kapitalwertes zugunsten der Realisierbarkeit des eigenen Investitionsprojektes. Der Maschinenhersteller H gewinnt einen Kunden, der aufgrund fehlender Liquidität die Maschine nicht hätte kaufen können. Zum anderen erhält er durch den Wechsel des Geschäftsmodells einen über den Verkaufserlös hinaus zusätzlich generierten Wert Δ i. H. v.:

$$\Delta = \sum_{t=1}^{6} \frac{PPU_t(m_t)}{(1+r)^t} - 1.200.000 = 1.206.190 - 1.200.000 = €6.190.$$

2.2.3 Neue, komplexe Risikoprofile innovativer Geschäftsmodelle

Die bisherigen Überlegungen zeigen, dass – je nach Ausgestaltung des Preissystems – der Maschinenhersteller unterschiedlich stark in die Wertschöpfungskette des Maschinenkunden integriert bzw. von ihr beeinflusst wird. Insofern übernimmt er infolge des „Non-Ownership" per se anteilig grundlegende Risiken des Kunden, wobei die Wahl des konkreten Preissystems darüber bestimmt, welche zusätzlichen Risiken zwischen den Akteuren geteilt werden. In der Literatur werden – oftmals mit unterschiedlichen Bezeichnungen oder im Rahmen jeweils eigenständiger Systematitisierungen – regelmäßig folgende Risikoarten thematisiert:

1. Investitionsrisiko
2. Marktrisiko
3. Verfügbarkeitsrisiko

Ungeachtet etwaiger Finanzdienstleister, wie Banken oder Leasinggesellschaften, übernimmt der Maschinenhersteller vom Maschinenkunden zunächst grundsätzlich das Investitionsrisiko, da die Maschine in seinem Besitz verbleibt und er für deren Produktion bzw. Bereitstellung in finanzielle Vorleistung geht. Das Investitionsrisiko fällt umso höher aus, je mehr Maschinen an einen Kunden ausgeliefert werden. Es setzt der Skalierbarkeit klare Grenzen: Einerseits muss der Maschinenhersteller über eine ausreichend hohe Eigenkapitalquote verfügen, andererseits wird u. U. zusätzliches Fremdkapital benötigt, deren Aufnahme die Bilanz des Herstellers verschlechtert und angesichts eines höheren Verschuldungsgrades auch die zukünftige Kreditaufnahme erschweren wird. Mit dem Investitionsrisiko ist das Restwertrisiko eng verbunden. Sollte die Maschine am Ende der Vertragslaufzeit nicht vertraglich fixiert durch eine Abschlusszahlung in den Bestand des Maschinenkundens übergehen, verbleibt das Restwertrisiko beim Maschinenhersteller. Es lässt sich nur mindern, wenn im Rahmen des PPX-Models eine Vollamortisation vorgesehen ist oder der Hersteller über etablierte Vermarktungskanäle von Gebrauchtmaschinen verfügt.

Im direkten Zusammenhang zum Investitionsrisiko steht das kundenseitige Marktrisiko, das primär durch die unsicheren Absatzmengen der Produkte des Kunden getrieben wird. Insofern ist zu unterscheiden zwischen (1.) dem Auslastungsrisiko und (2.) dem Kapazitätsrisiko. Je geringer die Nachfrage beim Kunden ist, desto weniger wird er die Maschine des Herstellers auslasten mit der Folge, dass geringere Zahlungen an den Hersteller geleistet werden. Das Kapazitätsrisiko umschreibt dann den gegenläufigen Fall: Sollte der Maschinenkunde mit unerwartet hohen Absatzzahlen konfrontiert werden, muss der Hersteller auch in der Lage sein, den Kapazitätsbedarf des Kunden durch Bereitstellung von weiteren Maschinen decken zu können (vgl. Stoppel, 2016, S. 63). Der Hersteller übernimmt im Rahmen eines PPX-Ansatzes also neben dem Investitionsrisiko immer auch zum großen Teil das Marktrisiko des Kunden[4]. Ein weiteres immanentes Risiko von PPX-Modellen ist schließlich das Verfügbarkeitsrisiko, das ebenfalls vom Maschinenhersteller vollumfänglich getragen wird. Diese Risikoquelle umschreibt die Garantieverpflichtung, zu jeder Zeit die Verfügbarkeit der Maschine(n) sowie die Qualität der mit der Maschine produzierten Produkte sicherstellen zu müssen. In einer Gesamtschau zeigt sich demnach, dass PPX-Vertragskonstellationen spezifische Risikoprofile aufweisen, die einer genaueren Untersuchung bedürfen. Im Folgenden soll daher das bereits zuvor eingeführte Rechenbeispiel wieder aufgegriffen und um Überlegungen zur Risikoteilung ergänzt werden.

[4] Die Unterscheidung von Investitionsrisiko und Auslastungsrisiko ist nicht immer eindeutig. So impliziert eine geringe Maschinenauslastung zweifelsohne geringere Zahlungsströme an den Hersteller und korreliert somit stark mit dem Investitionsrisiko, da die Rentabilität der Investition in die Maschine geschmälert wird. Allerdings umfasst das Investitionsrisiko auch andere Zahlungsausfälle des Kunden. Typische Beispiele sind etwa Situationen, wenn technische Probleme (wie ein Brand) oder Friktionen in den globalen Lieferketten einen Produktionsausfall verursachen oder der Kunde aus anderen Gründen Insolvenz anmeldet.

2.2.4 Fallstudienbeispiel (II/II): Risikoprofil von PPX-Modellen

Im oben bereits eingeführten Fallbeispiel wird eine schwankende Ausbringungsmenge betrachtet, die allen Stakeholdern aber zum jeweiligen Zeitpunkt bekannt war, sodass eine explizite Erfassung und somit Aufteilung von Risiko zwischen den Stakeholdern nicht erfolgen musste bzw. notwendig war. Im Folgenden soll nun davon ausgegangen werden, dass die jährlichen Stückzahlen unsicher sind und $\overline{m}_t = \{250; 280; 260; 252; 300; 290\}$ Erwartungswerte darstellen. Aus Einfachheitsgründen wird ferner angenommen, dass die unsicheren Stückzahlen $\tilde{m}_t$ normalverteilt sind und die jährliche Schwankungsintensität der Ausbringungsmenge für alle Zeitpunkte konstant ist und $\sigma^2 = 20$ beträgt.

Die explizite Erfassung von Risiko verdeutlicht zunächst, dass nun auch der Maschinenhersteller H mit unsicheren Rückflüssen konfrontiert ist. Musste der Maschinenkunde K im Falle des klassischen Rahmenkredits sowohl das Investitions- als auch das Marktrisiko infolge unsicherer Nachfrage $\tilde{m}_t \approx N(\overline{m}_t, \sigma^2)$ alleine tragen, so übernimmt der Maschinenhersteller H wegen des durch die Funktion $\widetilde{PPU_t}(\tilde{m}_t) = \tilde{m}_t * y$ beschriebenen PPX-Geschäftsmodells nun Teile des Marktrisikos. Im Ergebnis trägt der Maschinenhersteller H also ein Investitionsrisiko, das sich quantifizieren lässt. Die Varianz des Netto-Kapitalwertes kann unter der Annahme nicht-korrelierter Cash Flows wie folgt bestimmt werden:

$$\sigma^2_{NPV_H} = \sum_{t=1}^{6} \frac{\gamma^2 \sigma_t^2}{(1+r)^{2t}},$$

mit $r = 9\,\%$ ergibt sich σ_{NPV_H} = € 8.240, sodass die Wahrscheinlichkeit eines negativen Netto-Kapitalwertes angegeben werden kann mit:

$$Prob(NPV_H \leq 0) = \phi\left(\frac{0 - E[NPV_H]}{\sigma_{NPV_H}}\right) = \phi\left(\frac{0 - 6.190}{8.240}\right) = 1 - \phi(0{,}75) = 22{,}66\,\%,$$

wobei $\phi(\ldots)$ die kumulierte Normalverteilung kennzeichnet.

Die Wahrscheinlichkeit eines unrentablen PPX-Geschäftsmodells beträgt demnach 22,66 %. Will der Hersteller diese Unsicherheit nicht tragen, muss die verbleibende Restschuld entweder über eine variable Schlussrate oder mittels Laufzeitverlängerung ausgeglichen werden. Dieser Logik folgend, zeigt das Beispiel schließlich aber auch, dass bei sehr guten Absatzentwicklungen ein PPX-Vertrag auch eine vorzeitige Tilgung insofern ermöglichen kann, als in einem solchen Szenario höhere Tilgungsraten möglich und u. U. auch vertretbar sind.

2.3 Wissenschaftliche Literatur und Wissenslücken

Die zuvor thematisierten neuen, komplexen Risikoarten nehmen zweifelsohne maßgeblich Einfluss auf die Rentabilität innovativer nutzungsdatenbasierter Geschäftsmodelle und damit auf die Neigung, PPX-Modelle in der Praxis dem reinen (Ver-)Kauf von Produkten vorzuziehen. In jedem Fall zeigen die bisherigen Überlegungen aber deutlich, dass PPX-Geschäftsmodelle aus der Sicht der beteiligten Parteien eine eigene Klasse von Investitionsobjektiven mit spezifischen Chancen- und Risikoprofilen beschreiben bzw. begründen, sodass es umso erstaunlicher ist, dass die wissenschaftliche Auseinandersetzung mit diesem neuen „Phänomen“ als noch nicht sonderlich weit fortgeschritten charakterisiert werden muss. Es fehlen u. a. sowohl langfristige Erfolgsstudien als auch systematische Betrachtungen der komplexen Risikozusammenhänge, was letztlich auch die Identifikation akzeptanzfördernder Faktoren erschweren dürfte (vgl. z. B. Uski et al., 2022). Stoppel (2016, S. 83) weist schließlich zurecht darauf hin, dass insbesondere „Studien zu nutzungsabhängigen Preissystemen [...] im Kontext industrieller Märkte nicht vorhanden [sind]“. Die wenigen bisher vorlegten wissenschaftlichen Arbeiten zum Gebiet der PPX-Geschäftsmodelle lassen sich dann in Bezug auf ihre thematische Ausrichtung sowie die verwendete Analysemethode grob den folgenden drei Bereichen zuordnen: (1.) Performance-Messung von service-getriebenen Geschäftsmodellen, (2.) modelltheoretische „Pay-per-Use“-Ansätze und (3.) qualitative Studien (z. B. in Gestalt von Experteninterviews).

Auf der Ebene der Performance-Messung von service-getriebenen Geschäftsmodellen weisen einige Studien zunächst darauf hin, dass trotz des Trends zu derartigen Geschäftsmodellen folgendes ‚Service-Paradoxon‘ besteht (vgl. Gebauer et al., 2005): Ungeachtet der massiven Investitionen in die Verbesserung und Weiterentwicklung des Servicegeschäftes und dem aus verbesserter Kundenbindung und Wettbewerbsdifferenzierung motivierten Rentabilitätsversprechen scheitern Unternehmen oft daran, nachhaltige Werte für ihre Shareholder zu generieren (vgl. Benedettini et al., 2015; Neely, 2008). Als anekdotische Evidenz kann das deutsche Unternehmen Dürr angeführt werden, dessen Kernkompetenz im Lackieranlagebau liegt. Dürr führte als eines der ersten deutschen Unternehmen ein nutzungsbasiertes Geschäftsmodell ein, in dem Automobilhersteller pro lackiertem Fahrzeug zahlten. Das Geschäftsmodell konnte aber schlussendlich nicht die finanziellen Erwartungen erfüllen, da das Unternehmen Schwierigkeiten hatte, die Nutzungsintensität der Kunden vorherzusagen, wodurch die Berechnung einer angemessenen „Pay-per-Use“-Gebühr erschwert bzw. unmöglich wurde (vgl. Kowalkowski et al., 2017).

Existierende analytische Modelle zum Themenkomplex nutzungsbasierter Preissysteme konzentrieren sich vor allem auf die Anwendung von PPX-Mechanismen im Umfeld von Informationsgütern, was sich sicherlich mit dem starken Anstieg derartiger Preissysteme in der Software-Industrie erklären lässt. Obwohl Informationsgüter vernachlässigbare Produktionskosten aufweisen und somit prinzipiell attraktiv für PPX-Modelle sind, zeigen die Ergebnisse, dass PPX-Modelle weniger profitabel sind als der klassische Verkauf derartiger Güter. Dies gilt insbesondere immer dann, wenn sich Unternehmen, die PPX-Modelle umsetzen, im Wettbewerb mit auf den reinen Verkauf ausgerichteten Unternehmen befinden (vgl. Balasubramanian et al., 2015; Fishburn & Odlyzko, 1999). Jüngere Modelle erweitern diese Ansätze um branchenspezifische Kostenkomponenten und untersuchen die Akzeptanz von PPX-Modellen vor allem im produzierenden Gewerbe. Stoppel

(2016) kann zeigen, dass nutzungsabhängige Preissysteme für industrielle Leistungen immer dann vorteilhafter als der Maschinenverkauf sind, wenn zum einen die nutzungsabhängigen Kosten relativ zur Nutzungsintensität durch den Kunden gering ausfallen. Zum anderen können derartige Preissysteme vorteilhaft sein, wenn die Kunden stark risikoavers sind und die Nutzungsintensität sehr stark streut, d. h. das Auslastungsrisiko groß ist. Zu ähnlichen Ergebnissen gelangen auch Ladas et al. (2022), wobei deutlich wird, dass die Vorteilhaftigkeit stark von den Verkaufspreisen der Güter abhängt. PPX-Modelle sind demnach besonders in hoch- und niedrigpreisigen Gütermärkten unrentabler als klassische Absatzstrategien.

Ausgehend von Experteninterviews fokussieren sich qualitative Studien schließlich primär auf konkrete Motive, organisatorische Implementationshemmnisse und Ausprägungsformen von PPX-Geschäftsmodellen. So deuten die Ergebnisse von Stojkovski et al. (2021) darauf hin, dass die Motive, auf nutzungsbasierte Geschäftsmodelle umzusteigen, entscheidend von der Reife einer Branche abhängen. Für junge, technologieintensive Branchen eignen sich derartige Geschäftsmodelle, um neue Innovationen kostengünstiger auf den Markt bringen zu können. In ausgereiften bzw. schrumpfenden Branchen wiederum werden nutzungsbasierte Geschäftsmodelle weniger proaktiv, sondern vielmehr eher defensiv eingesetzt, um insolvenzgefährdete Kunden nicht zu verlieren. Basierend auf einer Meta-Analyse von 14 Studien stellen Uski et al. (2022) fest, dass die Wahl hinsichtlich der konkreten Ausgestaltung des PPX-Preissystems von der Bedeutung der Maschine bzw. des Equipments für den Kunden abhängt. Ist die Infrastruktur insgesamt sehr komplex und zudem sehr relevant für die Produktion, dann kommen häufiger erfolgsbasierte Preissysteme (‚pay-per-performance') zum Einsatz. Sollte diese Infrastruktur hingegen weniger komplex und relevant oder leicht ersetzbar sein, dann greifen Unternehmen tendenziell stärker auf ergebnisbasierte Preissysteme (‚pay-per-output') zurück. Ferner spielt der Kenntnisstand des Herstellers hinsichtlich der Prozesse und der Produkte des Kunden bei der Wahl des entsprechenden Preissystems eine Rolle. So sind vermehrt erfolgsbasierte Preissysteme im Einsatz, wenn der Hersteller über einen hohen Kenntnisstand verfügt, wohingegen ergebnisbasierte Preissysteme tendenziell eher eingesetzt werden, wenn dieses Wissen nicht vorhanden bzw. nicht relevant ist. Für den Einsatz nutzungsbasierter Preissysteme (‚reines pay-per-use') scheint die Notwendigkeit des Prozesswissens hingegen keine Rolle zu spielen.

Den bislang vorliegenden Untersuchungen zum Bereich der PPX-Geschäftsmodelle ist gemein, dass der Fokus ganz überwiegend bzw. nahezu ausschließlich auf den technischen bzw. produktionstheoretischen Faktoren dieser Innovationen liegt, also regelmäßig konzeptionelle Fragen der Konfiguration derartiger Modelle im Vordergrund stehen. Sowohl die zuvor eingeführte finanzwirtschaftliche Fallstudie als auch insbesondere die Diskussion des Risikoprofils von PPX-Vertragskonstellationen haben jedoch auch deutlich gemacht, dass angesichts der hohen Investitionsausgaben in industriellen Märkten der Finanzierungsfunktion eine enorme Bedeutung zukommt, wenn es um die Risikosteuerung und Skalierbarkeit der neuartigen Geschäftsmodelle geht. Soweit ersichtlich, sind aber sowohl die Bedeutung des unternehmerischen Risikomanagements als auch die Bedeutung von Banken für die Attraktivität bzw. Skalierbarkeit derartiger Geschäftsmodelle bis dato in der wissenschaftlichen Literatur stark vernachlässigt worden. Lediglich Gebauer et al. (2017) machen deutlich, dass Unternehmen ohne externes Kapital derartige Geschäftsmodellinnovationen nur sehr schwer werden skalieren können. Die Ergebnisse der durchgeführten explorativen Studie zeigen weiter, dass die interviewten 10 Unternehmen der Wasserwirtschaft PPX-Modelle primär intern über Profit-Pools finanzieren und von Problemen berichten, Banken für diese Geschäftsmodelle als Kooperationspartner zu gewinnen. In der Mehrzahl der Fälle, so deuten die Ergebnisse an, hatten Banken Vorbehalte, derartige Modelle in ihr Angebotsportfolio aufzunehmen und waren eher bestrebt, ihre klassischen Produkte anzubieten. Schließlich bleibt aber auch festzuhalten, dass sich vereinzelt Banken nachträglich für PPX-Modelle immer dann gewinnen ließen, wenn die interessierten Unternehmen ein vorläufiges Programm für die Zwischenfinanzierung vorlegen sowie eine dezidierte Risikobewertung der PPX-Dienste vorweisen konnten.

In einer Gesamtschau muss es als überraschend gewertet werden, dass PPX-Geschäftsmodelle von der finanzwirtschaftlichen sowie der bankenorientierten Fachliteratur noch nicht umfassend(er) als Untersuchungsobjekte erkannt und thematisiert worden sind. Dies gilt umso mehr, als nutzungsdatenbasierte Vertragsmodelle mit ihren Spezifika eine eigene Klasse von Investitionsprojekten beschreiben bzw. etablieren, die über veränderte Risikoprofile alle beteiligten Akteure tangieren kann, zugleich aber auch zusätzliche Ertragschancen bieten dürfte. Vor dem Hintergrund dieses eher ernüchternden Befundes zum aktuellen Diskussionsstand liegt das Ziel der vorliegenden Studie darin, die Wissensbasis über PPX-Geschäftsmodelle über Experteninterviews sowie eine breit angelegte Befragung unter Regionalbanken in Deutschland (Sparkassen und Genossenschaftsbanken) deutlich zu erweitern. In diesem Sinne dienen die nachfolgend zunächst dargelegten Ergebnisse zu den Experteninterviews dazu, ein erstes Bild darüber zu bekommen, welche Chancen und Risiken im Zusammenhang mit PPX-Modellen von Experten/-innen als bedeutend bzw. wesentlich wahrgenommen werden und welche Lösungen in der betrieblichen Praxis zum Umgang mit den vielfältigen und auf mehrere Parteien verteilten Risiken existieren. Basierend auf diesen Befunden geht es dann in einem weiteren Schritt darum, Erkenntnisse dahingehend zu gewinnen, ob und inwieweit bzw. mit welchen Produkten und Kompetenzen sich deutsche Regionalbanken im Hinblick auf einen Umgang mit den PPX-spezifischen Vertragsmodellen und Risiken zum beidseitigen Vorteil engagieren können oder gar schon engagieren.

Literatur

Amit, R., & Zott, C. (2012). Creating value through business model innovation. *MIT Sloan Management Review, 53*(3), 41–49.

Arnold, C., Kiel, D., & Voigt, K.-I. (2016). How the Industrial Internet of Things changes business models in different industries. *International Journal of Innovation Management, 20*(8), 1640015.

Balasubramanian, S., Bhattacharya, S., & Krishnan, V. (2015). Pricing information goods: A strategic analysis of the selling and pay-per-use mechanisms. *Marketing Science, 34*(2), 218–234.

Benedettini, O., Neely, A., & Swink, M. (2015). Why do servitized firms fail? A risk-based explanation. *International Journal of Operations & Production Management, 35*(6), 946–979.

Brandt, V., & Kordel, K. (2019). Wertschöpfungsnetzwerke im Internet der Dinge. In S. Meinhardt & A. Pflaum (Hrsg.), *Digitale Geschäftsmodelle – Band 1: Geschäftsmodell-Innovationen, digitale Transformation, digitale Plattformen, Internet der Dinge und Industrie 4.0* (S. 139–153). Springer Vieweg.

Büschken, J. (1997). *Sequentielle nicht-lineare Tarife: Nicht-lineare Preispolitik bei Nachfrageunsicherheit*. Gabler.

Casadesus-Masanell, R., & Zhu, F. (2013). Business model innovation and competitive imitation: The case of sponsor-based business models. *Strategic Management Journal, 34*(4), 464–482.

Chesbrough, H., & Rosenbloom, R. S. (2002). The role of the business model in capturing value from innovation: Evidence from Xerox Corporation's technology spin-off companies. *Industrial and Corporate Change, 11*(3), 529–555.

Cusumano, M. A., Kahl, S. J., & Suarez, F. F. (2015). Services, industry evolution, and the competitive strategies of product firms. *Strategic Management Journal, 36*(4), 559–575.

Fishburn, P. C., & Odlyzko, A. M. (1999). Competitive pricing of information goods: Subscription pricing versus pay-per-use. *Economic Theory, 13*(2), 447–470.

Fleisch, E., Weinberger, M., & Wortmann, F. (2015). Geschäftsmodelle im Internet der Dinge. *Schmalenbachs Zeitschrift für betriebswirtschaftliche Forschung, 67*(4), 444–465.

Foss, N. J., & Saebi, T. (2017). Fifteen years of research on business model innovation. *Journal of Management, 43*(1), 200–227.

Freisinger, E., Heidenreich, S., Landau, C., & Spieth, P. (2021). Business model innovation through the lens of time: An empirical study of performance implications across venture life cycles. *Schmalenbach Journal of Business Research, 73*(3–4), 339–380.

Gambardella, A., & McGahan, A. M. (2010). Business-model innovation: General purpose technologies and their implications for industry structure. *Long Range Planning, 43*(2–3), 262–271.

Gassmann, O., Frankenberger, K., & Choudury, M. (2020). *Geschäftsmodelle entwickeln: Der Business Model Navigator* (3. Aufl.). Hanser.

Gebauer, H., Fleisch, E., & Friedli, T. (2005). Overcoming the service paradox in manufacturing companies. *European Management Journal, 23*(1), 14–26.

Gebauer, H., Joncourt, S., & Saul, C. (2016). Services in productoriented companies: Past, present, and future. *Universia Business Review, 2016*(49), 32–53.

Gebauer, H., Saul, C. J., Haldimann, M., & Gustafsson, A. (2017). Organizational capabilities for pay-per-use services in product-oriented companies. *International Journal of Production Economics, 192*, 157–168.

Gerpott, T. J. (2005). *Strategisches Technologie- und Innovationsmanagement: Eine konzentrierte Einführung*. Schäffer-Poeschel.

Grünert, L., & Sejdić, G. (2017). Industrie 4.0-getriebene Geschäftsmodellinnovationen im Maschinenbau am Beispiel von TRUMPF. In M. Seiter, L. Grünert, & S. Berlin (Hrsg.), *Betriebswirtschaftliche Aspekte von Industrie 4.0* (S. 29–45). Springer Gabler.

IBM. (2008). *The enterprise of the future: Global CEO study*. IBM Global Business Services.

Kowalkowski, C., Gebauer, H., Kamp, B., & Parry, G. (2017). Servitization and deservitization: Overview, concepts, and definitions. *Industrial Marketing Management, 60*, 4–10.

Ladas, K., Kavadias, S., & Loch, C. (2022). Product selling vs. pay-per-use service: A strategic analysis of competing business models. *Management Science, 68*(7), 4964–4982.

Lichtblau, K., Stich, V., Bertenrath, R., Blum, M., Bleider, M., Millack, A., Schmitt, K., Schmitz, E., & Schröter, M. (2015). *Industrie 4.0-Readiness*. IMPULS-Stiftung.

Lindgardt, Z., Reeves, M., Stalk, G., Jr., & Deimler, M. (2009). Business model innovation: When the game gets tough, change the game. In M. Deimler, R. Lesser, D. Rhodes, & J. Sinha (Hrsg.), *Own the future: 50 ways to win from the boston consulting group* (S. 291–298). Wiley.

Neely, A. (2008). Exploring the financial consequences of the servitization of manufacturing. *Operations Management Research, 1*(2), 103–118.

Ochs, M., & Weber, S. (2022). Digitale Finanzierung von Assets in der Produktion mittels Ökosystemen. *Zeitschrift für das gesamte Kreditwesen, 75*(7), 338–343.

Osterwalder, A., & Pigneur, Y. (2011). *Business model generation: Ein Handbuch für Visionäre, Spielveränderer und Herausforderer*. Campus.

Rammer, C., Doherr, T., Krieger, B., Marks, H., Niggemann, H., Peters, B., Schubert, T., Trunschke, M., von der Burg, J., & Eibelshäuser, S. (2022). *Innovationen in der deutschen Wirtschaft: Indikatorenbericht zur Innovationserhebung 2021*. ZEW – Leibniz-Zentrum für Europäische Wirtschaftsforschung GmbH.

Schallmo, D. (2013). *Geschäftsmodelle erfolgreich entwickeln und implementieren*. Springer Gabler.

Schallmo, D., & Brecht, L. (2010). Business model innovation in business-to-business markets – procedure and examples. *Proceedings of the 3rd ISPIM innovation symposium: „Managing the art of innovation: Turning concepts into reality"*. Quebec City, Canada.

Smith, D. J. (2013). Power-by-the-hour: The role of technology in reshaping business strategy at Rolls-Royce. *Technology Analysis & Strategic Management, 25*(8), 987–1007.

Stojkovski, I., Achleitner, A.-K., & Lange, T. (2021). Equipment as a service: The transition towards usage-based business models. *SSRN Electronic Journal*.

Stoppel, E. (2016). *Nutzungsabhängige Preissysteme auf industriellen Märkten*. Springer Gabler.

Teece, D. J. (2010). Business models, business strategy and innovation. *Long Range Planning, 43*(2–3), 172–194.

Titsch, M. (2020). Wie Finanzdienstleister vom Zukunftsmarkt autonomer Maschinenzahlungen profitieren. *Zeitschrift für das gesamte Kreditwesen, 73*(17), 816–819.

Ulaga, W., & Reinartz, W. J. (2011). Hybrid offerings: How manufacturing firms combine goods and services successfully. *Journal of Marketing, 75*(6), 5–23.

Uski, V.-M., Kukkamalla, P. K., Kärkkäinen, H., Menon, K., Mittal, S., Khan, M. A., & Wuest, T. (2022). Review of PPX business models: Adaptability and feasibility of PPX models in the equipment manufacturing industry. In O. Canciglieri Junior, F. Noël, L. Rivest, & A. Bouras (Hrsg.), *Product lifecycle management. Green and blue technologies to support smart and sustainable organizations* (Bd. 639, S. 358–372). Springer.

Vahs, D., & Brem, A. (2015). *Innovationsmanagement: Von der Idee zur erfolgreichen Vermarktung* (5. Aufl.). Schäffer-Poeschel.

Wiebusch, A. (2022). Nutzungsbasierte Finanzierungsmodelle für die Industrie 4.0. *Zeitschrift für das gesamte Kreditwesen, 75*(7), 22–26.

Wittkowski, K., Moeller, S., & Wirtz, J. (2013). Firms' intentions to use nonownership services. *Journal of Service Research, 16*(2), 171–185.

Zott, C., Amit, R., & Massa, L. (2011). The business model: Recent developments and future research. *Journal of Management, 37*(4), 1019–1042.

3 Experteninterviews: Stand und Perspektiven nutzungsorientierter Geschäftsmodelle

3.1 Vorgehensweise und Expertenbasis

Der Einsatz explorativer Experteninterviews als strukturierte Methode zur Erhebung qualitativer Daten bietet im Sinne eines etablierten Startpunktes die Möglichkeit, erste Einsichten in noch sehr junge Forschungsgebiete zu erlangen. Werden die dadurch gewonnenen Erkenntnisse dann in Form von Forschungshypothesen gebündelt und im Anschluss mit spezifischen weiterführenden, oftmals semi-qualitativen Ansätzen wie Fragebogenstudien, abgesichert und vertieft, lassen sich Forschungsgebiete eingrenzen sowie relevante, da bisher unbeantwortete, Fragen abstecken (vgl. Kaiser, 2014, S. 29 ff.; Kuckartz, 2014, S. 33). Die Überlegungen in Kap. 2 dieser Studie, insbesondere der Literaturüberblick am Ende des vorhergehenden Kapitels, zeigen in diesem Zusammenhang deutlich, dass es sich bei den nutzungsdatenorientierten Geschäftsmodellen um ein noch sehr junges Forschungsgebiet handelt. Diese Einschätzung gilt sowohl in Bezug auf grundlegende Charakteristika im Sinne von (strategischen und operativen) Chancen und Risiken der zugrunde liegenden innovativen Vertragskonstellation(en) selbst als auch im Hinblick auf die spezifischen Finanzierungsaspekte für diese Konstrukte, die – inklusive der Rolle von Banken – noch gänzlich unerforscht zu sein scheinen.

Angesichts dieses Befundes ist es das Ziel des ersten Teils der vorliegenden Studie, über semi-strukturierte, leitfadengestützte Interviews mit Experten/-innen aus produzierenden und beratenden Unternehmen sowie aus Banken und Fintechs den Status-quo von PPX-Geschäftsmodellen in Bezug auf Einsatzmöglichkeiten, Potenziale und (technische) Umsetzungshürden zu erfassen. Ein solches Vorgehen dürfte den Rahmen des potenziellen Forschungsfeldes hinsichtlich wesentlicher aktueller Punkte eingrenzen und dann zwangsläufig auch eine geeignete Basis bilden, um die spätere Befragung unter Regionalbanken in Deutschland im Hinblick auf relevante Themen zu fundieren.

E. Lukas et al., *Smart Finance und IIoT*, https://doi.org/10.1007/978-3-658-45480-7_3

Der konzipierte Interviewleitfaden ist – selbstverständlich unter Beachtung der erforderlichen Offenheit im Rahmen der geführten Interviews (vgl. Kaiser, 2014, S. 55) – vor dem Hintergrund der skizzierten Themenfelder konzipiert und in vier Themenblöcke untergliedert worden. Nach (1.) einleitenden Interviewfragen zu den Chancen, Potenzialen und dem vermuteten mittelfristigen Marktpotenzial von PPX-Geschäftsmodellen für den deutschen Mittelstand wurde im zweiten Teil (2.) nach erforderlichen innerbetrieblichen Veränderungen in mittelständischen Unternehmen gefragt, wobei der Schwerpunkt in diesem Zusammenhang insbesondere auf der Finanzfunktion und dem Risikomanagement lag. Konkrete Fragestellungen richteten sich u. a. auf (a.) innerbetriebliche Veränderungsprozesse im Zuge von PPX-Konstrukten, (b.) auf geeignete Finanzkennzahlen zur Steuerung und Bewertung nutzungsorientierter Geschäftsmodelle (intern wie extern) sowie – vor dem Hintergrund der Risikodimension – auf (c.) die Auswirkungen von PPX-Geschäftsmodellen auf das unternehmerische Finanz- und Risikomanagement. Im dritten (3.) thematischen Schwerpunkt ging es dann um die Einbeziehung von Banken in PPX-Finanzinnovationen, wobei der Fokus klar auf Regionalbanken lag. Neben der grundsätzlichen Rolle dieser Banken als wichtiger Finanzdienstleister für mittelständische Unternehmen wurden vor allem ‚kritische' Fähigkeiten diskutiert, die Sparkassen und Genossenschaftsbanken im Kontext von nutzungsbasierten Vertragskonstruktionen entwickeln und aufbauen müssen, um nicht aus dem wichtigen Firmenkundensegment verdrängt zu werden. Ferner ist mit den Interviewpartner/-innen im Hinblick auf unterschiedliche Facetten die Frage intensiv diskutiert worden, ob und inwieweit die vielfältigen regulatorischen Anforderungen und Entwicklungslinien für die Integration von PPX-Geschäftsmodellen in das Angebotsportfolio von Banken relevant sind. Im letzten Themenblock wurden dann abschließend noch allgemeinere Entwicklungen im Bereich der technischen Innovationen von IIoT sowie im Rahmen der Bestrebungen um die Einführung eines digitalen Euros thematisiert, da diese Entwicklungslinien allesamt die Skalierbarkeit von digitalen Geschäftsmodellen unterstützen und nachdrücklich forcieren können. Mit pro Themenblock drei bis vier Erzählaufforderungen sowie zusätzlichen Steuerungs- und Aufrechterhaltungsfragen waren die Interviews jeweils für ca. 45 min konzipiert, dauerten dann im Mittel aber ca. 90 min, was nicht zuletzt als gutes Zeichen in Bezug auf die Relevanz der erarbeiteten Fragen gewertet werden kann.

Die Identifikation geeigneter Experten erfolgte auf der Basis umfangreicher Recherchen in Fachzeitschriften (wie z. B. Zeitschrift für das gesamte Kreditwesen, Börsenzeitung, finance-magazine, com!-professional), über Online-Recherchen von Unternehmenswebsites bzw. Pressemeldungen sowie der Teilnahme an Online-Fachtagungen (wie den IBI Innovationstagen, dem Webinar Digital Assets und die Digitale Zukunft). Über diese Wege konnten insgesamt 54 Experten/-innen aus den Bereichen Industrie, Banken und Finanzdienstleister, Fintechs sowie Unternehmensberatungen identifiziert werden. Die Recherche der Kontaktdaten erfolgte im Anschluss über die Websites der einschlägigen Unternehmen bzw. das Portal ‚LinkedIn'. Infolge von Arbeitgeber- und Positionswechseln innerhalb von Unternehmen reduzierte sich die Anzahl identifizierter Experten/-innen schlussendlich auf 46. Abb. 3.1a zeigt die Zusammensetzung der recherchierten Experten/-innen nach Branchenzugehörigkeit.

Bei den Experteninterviews ist – unter der Maßgabe der zeitlichen Restriktion des geplanten Interviewzeitraums sowie der Verfügbarkeiten der Experten/-innen – nach dem Verfahren einer sich einstellenden inhaltlichen Sättigung bezogen auf die gewonnenen Informationen vorgegangen worden. In dieser Logik wurden nicht alle recherchierten Experten/-innen unmittelbar angefragt, sondern vielmehr ein sequenzielles Vorgehen gewählt: In einem ersten Schritt wurden 13 Experten/-innen angeschrieben, wobei insbesondere darauf geachtet worden ist, dass möglichst viele unmittelbar relevante Branchen vertreten sind. Von den angeschriebenen Persönlichkeiten nahmen insgesamt 10 die Einladung zu einem Experteninterview an. Von drei Experten/-innen gab es keine Reaktion auf die Anfrage, weitere drei meldeten sich nach einem positiven Vorabgespräch nicht mehr zurück. Da am Ende der ersten Interviewrunde noch keine informationsbezogene Sättigung zu konstatieren war, also in den Gesprächen jeweils durchaus noch neue relevante Informationen generiert werden konnten, sind in einem zweiten Schritt weitere fünf Experten/-innen angesprochen worden, von denen mit vier Persönlichkeiten ein Interview geführt werden konnte. Im Ergebnis ergab sich dadurch eine Rücklaufquote von 77,8 %. Abb. 3.1b gibt eine Zusammensetzung der interviewten Experten nach Branche wieder, wobei zwei der befragten Experten zwei verschiedenen Branchen zugeordnet werden können, sodass diese doppelt in die prozentualen Angaben eingehen. Insgesamt sind 12 Einzelinterviews geführt worden sowie ein weiteres Interview, an dem zwei Gesprächspartner (E11, E12) teilnahmen. Einen Überblick über die insgesamt 14 befragten Experten nach ihrer Branchenzugehörigkeit und ihrer Position im Unternehmen bietet Tab. 3.1.

Die Interviews, die im Zeitraum von Februar bis Juni 2022 stattgefunden haben und wegen der Corona-Pandemie allesamt via der Videokonferenzsoftware „Zoom" durchgeführt werden mussten, sind nach dem vorab eingeholten Einverständnis der Gesprächspartner/-innen mittels der Open Broadcaster-Software aufgezeichnet worden. Insgesamt standen im Ergebnis dann ca. 21 h Audiomaterial zur softwaregestützen Transkription und Auswertung zur Verfügung, die in Anlehnung an das System nach Kuckartz (2010, S. 44 f.) sowie Dresing und Pehl (2018, S. 21 ff.) wörtlich und nicht lautsprachlich oder zusammenfassend in eine Textform überführt wurden. Da der Fokus der Interviews auf den inhaltlichen Ausführungen der Experten/-innen liegt, wurden sowohl Sprache als auch Interpunktation geglättet und auf No-

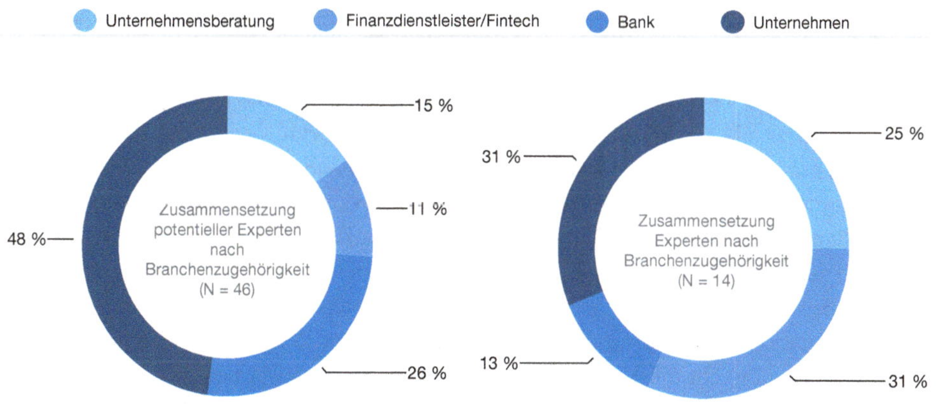

Abb. 3.1 Zusammensetzung a) recherchierter Experten N = 46 und b) befragter Experten N = 14 nach Branchenzugehörigkeit

Tab. 3.1 Überblick der Experten nach Branchenzugehörigkeit und Position im Unternehmen

E1	Senior Manager (SM)	OEM
E2	Chief Executive Officer (CEO)	Fintech
E3	Chief Executive Officer (CEO)	Unternehmensberatung
E4	Senior Manager (SM)	Bank
E5	Chief Executive Officer (CEO)	Fintech
E6	Senior Manager (SM)	OEM
E7	Senior Manager (SM)	Bank
E8	Chief Executive Officer (CEO)	Fintech
E9	Chief Executive Officer (CEO)	OEM/Fintech
E10	Senior Manager (SM)	Unternehmensberatung
E11	Senior Manager (SM)/Partner	Unternehmensberatung
E12	Senior Manager (SM)/Partner	Unternehmensberatung
E13	Senior Manager (SM)	OEM
E14	Senior Manager (SM)	OEM/Finanzdienstleister

tationen von Stimmlage und non-verbalen Elementen verzichtet. Pausen, Betonungen sowie Wort- und Satzabbrüche sind durch Auslassungspunkte, Unterstreichungen und Schrägstriche während des Transkriptionsprozesses gekennzeichnet worden. Zwecks Vermeidung der Möglichkeit von personen- oder unternehmensbezogenen Rückschlüssen wurden die Experteninterviews abschließend anonymisiert (vgl. Mayer, 2009, S. 45).

Basierend auf der geschaffenen Grundlage erfolgte die inhaltliche Auswertung der Experteninterviews computergestützt mit der Software MAXQDA, wobei sich die eigentliche Inhaltsanalyse an Mühlfeld et al. (1981, S. 335 ff.) anlehnt und einem weitestgehend induktiv hergeleiteten Kategoriensystem folgt (vgl. Kuckartz, 2010, S. 60). Das von Mühlfeld et al. (1981) entwickelte beschreibende und erklärende Auswertungsverfahren bietet über eine mehrstufige, iterative Sichtung des Interviewmaterials einerseits den Vorteil eines beschleunigten und vereinfachten Auswertungsprozesses, kann gleichzeitig andererseits durch eine strukturierte Aufbereitung des Analyseprozesses aber auch alle relevanten Informationen sichern. Mit Blick auf die Hypothesenbildung bzw. die strukturierte Inhaltsanalyse sind zunächst (a.) alle Textstellen gekennzeichnet worden, die spontan als Antworten auf die Fragen des Leitfadens zu identifizieren waren (Mühlfeld et al., 1981, S. 336), dann im Anschluss (b.) in das induktiv entwickelte Kategoriensystem eingeordnet wurden, das als Rahmen für die Erfassung aller – objektiven und subjektiven – Informationen diente, und schließlich im dritten Schritt (c.) dahingehend auf den Kern zu reduzieren waren, als die im besonderen Maße repräsentativen bzw. relevanten Informationen zur Beantwortung der im Leitfaden abgeführten Fragestellungen ausgewählt werden mussten. Das entwickelte Kategoriensystem wiederum leitet sich aus den übergeordneten Forschungsfragen und den Themenkomplexen des Interviewleitfadens ab, wurde aber während der Sichtung des Interviewmaterials kontinuierlich erweitert, dimensionalisiert und ausdifferenziert (vgl. Kuckartz, 2010, S. 60). Eine solche Vorgehensweise ermöglicht die Herstellung einer inneren Logik zwischen den identifizierten Einzelinformationen und im Ergebnis dann mit Blick auf die Hypothesenbildung eine Aggregation zu konsistenten Gesamturteilen/-aussagen. Zusammenfassend gibt Abb. 3.2 noch einen Überblick über den Ablauf der qualitativen Studie mit ihrem explorativen Charakter.

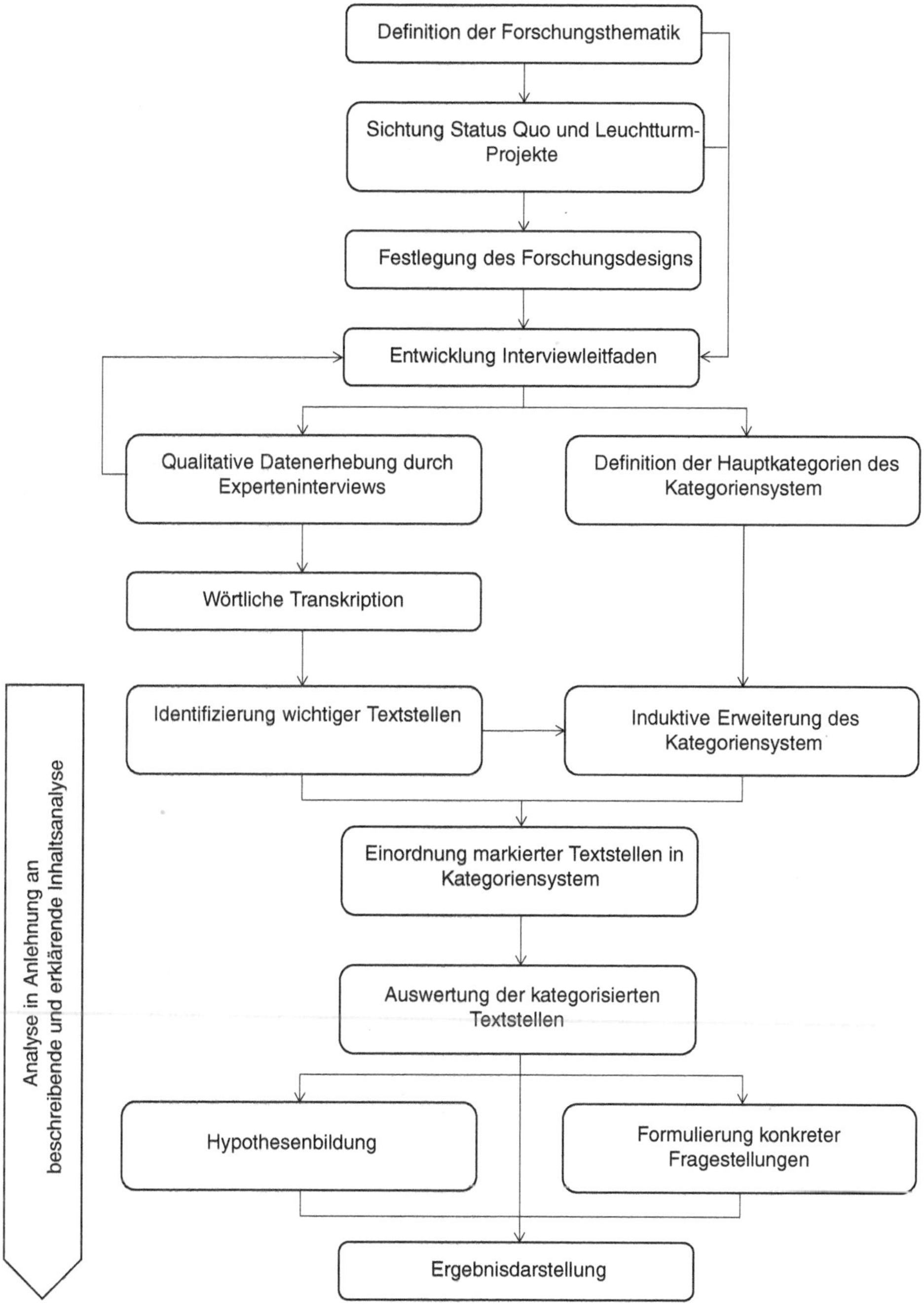

Abb. 3.2 Ablauf auf der qualitativen, explorativen Studie

3.2 Auswertung der Experteninterviews

In der nachfolgenden Auswertung werden die Aussagen der interviewten Experten/-innen in Anlehnung an das entwickelte Kategoriensystem aufbereitet und in Bezug auf zentrale, wesentliche Thesen mit dem Ziel kondensiert, wichtige Erkenntnisse hinsichtlich der Einsatzmöglichkeiten, der Potenziale sowie etwaiger (Umsetzungs-)Hürden bei der Erschließung von PPX-Geschäftsmodellen im Firmenkundengeschäft von (Regional-)Banken herauszustellen. Für eine solche Perspektive bzw. Zielsetzung bietet es sich unmittelbar an, mit einer Präzisierung des Status-quo nutzungsbasierter Geschäftsmodelle zu beginnen und seitens der Experten/-innen formulierte Erwartungen über künftige wirtschaftliche Trends im Kontext einer „digitalisierten Ökonomie" (insbesondere im Bereich mittelständischer Unternehmen) zu verdeutlichen. Mit diesen Zukunftsperspektiven sind dann aber zwangsläufig auch bestehende Hemmnisse und Risiken eng verbunden, die aus nutzungsbasierten Geschäftsmodellen ebenso erwachsen können wie spezifische Chancen und Potenziale. Eine solche, breit wie kritisch angelegte Perspektive, die auch die Attraktivität unterschiedlicher Ausgestaltungsvarianten von PPX-Konstrukten aus Bankensicht umfassen kann bzw. sollte, ist dann in einem weiteren Schritt unabdingbar für die Beantwortung der Frage, welcher spezifischer Voraussetzungen bzw. – ggf. noch aufzubauender – kritischer Fähigkeiten es in (Regional-)Banken bedarf, um sich im neuen Marktsegment für nutzungsorientierte Finanzinnovationen erfolgreich zu positionieren.

3.2.1 Status-quo und PPX-bezogene (Entwicklungs-)Trends

Zum Zeitpunkt der Befragung sehen die Experten/-innen die Umsetzung bzw. Potenziale von PPX-Geschäftsmodellen übereinstimmend überwiegend in Industrien, die kapitalintensive Güter herstellen, prognostizieren jedoch zugleich, dass nutzungsbasierte Finanzierungen *„in zehn Jahren ein normales Geschäftsmodell [sein werden], insbesondere in Branchen, die eine hohe Volatilität in ihrem bisherigen Geschäftsmodell haben"* (E11). Die dahinter stehende Erwartung der Experten/-innen ist, dass sich die Nachfrage generell konsolidieren wird, da *„Maschinen tendenziell immer produktiver werden, der Output aber nicht in jedem Industriezweig unbedingt wächst"* (E1). Können in einer derartigen Marktlage dann aber nur noch geringe(re) Stückzahlen an Maschinen/Anlagen abgesetzt werden, stellt sich im Sinne eines Gegensteuerns die Frage *„Was sind die Geschäftsmodelle der Zukunft?"* (E1). Es wird deutlich, dass PPX-Geschäftsmodelle – neben dem technologischen Fortschritt – auch und gerade durch die Verwerfungen infolge der aktuellen Krisen – u. a. der Corona-Pandemie, des Ukraine-Kriegs oder auch der Inflationsentwicklung – weiter beflügelt werden und angesichts der damit (in-)direkt adressierten Absatz- und Liquiditätsschwierigkeiten immer auch im Zusammenhang mit der Finanzierungsfunktion in Unternehmen (und Banken) zu sehen sind. In einem derartigen dynamischen Umfeld mit hoher Volatilität sowie abnehmender Planbarkeit können oder wollen sich nach Meinung des Experten E6 Käufer langlebiger Ausstattungsgegenstände (Produktionsgrundlagen) nicht mehr im Rahmen klassischer Leasing- oder Finanzierungsmodelle *„starr an irgendwelche Konditionen binden"* (E6), sondern sind in besonderem Maße für ihre Produktionsgrundlagen an einer Synchronisierung von Umsätzen und Erträgen interessiert. Obwohl es nach mehrheitlicher Auffassung der Experten/-innen selbstverständlich klassische Finanzierungsmodelle in diesem schwierigen Umfeld auch weiterhin geben wird und der Großteil von Anlagen und Maschinen ‚klassisch' finanziert werden dürfte, sehen die Experten/-innen enorme Wachstumspotenziale für nutzungsorientierte Geschäftsmodelle – entweder im Rahmen eines Zusatzgeschäftes (Marktvergrößerung) oder als Ersatz für schrumpfende Märkte. So schätzt auch Experte E5, *„dass fast alle Maschinenhersteller auf den Zug aufspringen wollen, sodass 30 % der Maschinennutzer auf so ein Modell umsteigen"* werden. Bezogen auf den Gesamtmarkt würde das bedeuten, dass in 10 Jahren jede fünfte oder sechste Maschine im Rahmen eines nutzungsorientierten Geschäftsmodells betrieben wird (E13).

Im Hinblick auf die Anwendungsbreite der PPX-Vertragskonstruktionen sind die Experten/-innen ebenfalls sehr optimistisch und schätzen die Bandbreite so groß ein, dass künftig nicht nur davon ausgegangen werden kann, dass nutzungsdatenbasierte Modelle in der Maschinenindustrie intensiv zur Anwendung kommen, sondern Einzug in alle sensorgetriebenen Branchen finden werden. Hintergrund dieser Einschätzung ist die Vermutung einer stark fortschreitenden Digitalisierung sämtlicher Prozesse – inklusive flankierender Bereiche z. B. im Zusammenhang mit der Abwicklung des Zahlungsverkehrs. So ist Experte E9 der Ansicht, dass PPX-Geschäftsmodelle mit der Einführung eines ‚Digitalen Euro' *„sicherlich extrem skalieren"* werden. Ähnlich sehen die Experten/-innen – neben dem IIoT –, dass das ‚Internet of Payments' eine besondere Transparenzchance für die Skalierung nutzungsorientierter Geschäftsmodelle bietet, da eine stärkere Digitalisierung *„sehr, sehr viele Effizienzen und Effektivität mit sich bringen"* wird (E6). Ferner wird auch die Blockchain als ‚Enabler' für PPX-basierte Vertragsmodelle und somit als *„das verbindende Element zwischen verschiedenen Unternehmen"* (E10) gesehen, wodurch Daten und Werte zwischen den beteiligten Parteien sicher ausgetauscht werden können.

3.2.2 Hemmnisse und technische Hürden bei PPX-Geschäftsmodellen

In Bezug auf potenzielle Umsetzungs- und Integrationshemmnisse in das Firmenkundengeschäft von (Regional-)Banken teilen PPX-Geschäftsmodelle zunächst das Schicksal klassischer Finanzierungsmodelle: So geht es um (1.) Probleme der Finanzierung selbst, (2.) eine geeignete bilanzielle Behandlung zwecks Erhaltung wichtiger Kennzahlen („Off-Balance"-Transaktionen), (3.) um Fragen der Risikoteilung zwischen den beteiligten Parteien (und damit um „Risikoprämien") sowie (4.) um versicherungstechnische Fragestellungen. Insofern gilt in einer pragmatischen Perspektive auch für PPX-Geschäftsmodelle: *„Diese Probleme muss man erstmal lösen. Und wenn man das geschafft und es in ein gutes Pricing-Modell gepackt hat, dann ist dieses Geschäftsmodell sehr skalierbar und dann wird es sich auch durchsetzen, weil die Vorteile sehr groß sind"*

(E5). Ein grundsätzliches, häufig nur schwierig zu lösendes Problem nutzungsbasierter Geschäftsmodelle liegt nach Auffassung der befragten Experten/-innen aber in der Konzeption und Anwendung eines überzeugenden ‚Messkonzepts' für die jeweilige Inanspruchnahme, um in der Konsequenz zuverlässige nutzungsorientierte Abrechnungen überhaupt erst zu ermöglichen. Es geht also um die Frage, ob und inwieweit verfügbare (oder vereinbarte) ‚Messpunkte' das messen, was sie sollen, um die ‚wahre' Abnutzung und damit den wahren Wertverlust des Vermögensgegenstandes zu erfassen. Es liegt unmittelbar auf der Hand, dass diese Frage einen neuralgischen Punkt für die beteiligten Parteien darstellt, da Inanspruchnahme Wertabnutzung impliziert, falsche Messpunkte Investitionsrisiken in ungerechtfertigter Art und Weise innerhalb des Konstrukts verschieben können und daher eine problemadäquate Erfassung entlang der Prozesskette unabdingbar ist (E10). In diesem Sinne sollte man sich hinsichtlich einer erfolgreichen Einführung nutzungsbasierter Modelle fragen: *„Was ist denn die Messgröße für dieses Pay-per-Use-Modell? An was mache ich es aus? Sind es Maschinenstunden? Und das ist eine Thematik, da muss sich auch der Firmenkundenberater der Regionalbank oder der Bank schon reindenken wollen, damit es überhaupt einmal einen Sinn ergibt"* (E4). Experte E11 merkt dann weiter an, dass eine richtige Datenerfassung und -nutzung *„für den Mittelständler sehr wichtig"* ist, damit *„die Korrelation zwischen Absatz und Umsatz und den Kosten immer"* vorliegt.

Selbst dann aber, wenn die ‚richtigen' Daten erfasst werden, also das Messproblem konzeptionell gelöst ist, sind PPX-Geschäftsmodellinnovationen *„exorbitant datenanfällig"* und können *„nur funktionieren, wenn jeder Stakeholder kompletten Datenzugriff besitzt"* (E14). Experte E14 spricht damit die Notwendigkeit einer vollständigen bzw. weitreichenden technischen Integration an und konzeptualisiert nutzungsorientierte Finanzinnovationen im Sinne ‚informationsbezogener Marktplätze' zwischen den beteiligten Vertragspartnern. In dieser Sichtweise eines umfassenden ‚Information Sharing' ergibt sich zwangsläufig – nicht zuletzt aus wettbewerblichen Erwägungen – eine Vielzahl an potenziellen Restriktionen und Auflagen, die sich vor allem auf datenschutzrechtliche Beschränkungen, Fragen der Datenhoheit und -transparenz sowie des Datenaustausches beziehen, zwingend einer Lösung bedürfen und Ausgestaltung(en) von PPX-Geschäftsmodellen unzweifelhaft tangieren. E14 stellt in diesem Zusammenhang deshalb auch treffend fest, dass bei der Konstruktion nutzungsorientierter Verträge zu berücksichtigen ist, *„dass alle Finanzinstitute der Welt der jeweiligen Bankenaufsicht des jeweiligen Landes unterliegen"*, was zur Konsequenz hat, dass *„Finanzprodukte auch steuerliche und rechtliche Konsequenzen"* zeitigen (E14). Erfordern nutzungsbasierte Konstrukte aber unweigerlich den Zugriff auf Nutzungsdaten aller Beteiligter und sind demnach schon konzeptionell unternehmensübergreifend auf maximale Transparenz ausgerichtet, befinden sich die beteiligten Banken nach Experte E14 *„sofort in einem aufsichtsrechtlichen Thema"*, das aufgrund des *„Tatbestands des IT-Outsourcings regulierungspflichtig"* ist. Weiterhin bedarf es für länderübergreifende Verbindungen einer spezifischen juristischen Expertise in Bezug auf die ggf. jeweils eigenen rechtlichen Vorgaben, sodass Experte E1 in diesem Erfordernis einen weiteren limitierenden Faktor sieht, wenn es vor allem um die Rolle von Sparkassen und Genossenschaftsbanken im Kontext von PPX-Geschäftsmodellen geht. Die vielfältigen regulatorischen Vorgaben bzw. der damit verbundene Umsetzungsaufwand stellen demnach ein grundsätzliches Hemmnis dar, das noch mit *„viel Unruhe"* (E9) im Rahmen der Ausgestaltung digitalisierungsorientierter Finanzierungskonzepte verbunden sein wird. Diese Perspektive führt deshalb auch schließlich zu der Befürchtung seitens einiger Experten/-innen, dass Banken immer stärker reguliert werden mit der Folge, dass die *„Menge von Regularien das Korsett, wie man Unternehmen finanzieren darf als Bank, (...) immer enger schnürt"* (E4). Insofern könnte die nicht leicht abzuschätzende weitere Entwicklung der Regulatorik eine wesentliche Ursache dafür sein, dass nutzungsbasierte Finanzierungskonzepte wieder an Bedeutung verlieren. Eine solche Einschätzung gilt schließlich unabhängig davon, dass der notwendige digitale Wandel sowie die Integration komplexer IT-Infrastruktur(en) an sich schon eine enorme Herausforderung sowohl für Unternehmen als auch für Banken darstellen.

3.2.3 Risiken von PPX-bezogenen Geschäftsmodellen

Werden PPX-Geschäftsmodelle als eigene Klasse von Investitionsobjekten betrachtet, interessiert unter ökonomischen Erwägungen neben den jeweiligen Ertragsaussichten immer auch das sich ergebende, mitunter sehr spezifische Risikoprofil. Bezüglich einer solchen risikoorientierten Betrachtung findet bei PPX-Geschäftsmodellen nach Einschätzung des Experten E10 eine *„gewisse Risikotransformation zwischen der Industrie und denjenigen, die das Risiko aufnehmen"* statt, sodass z. B. Maschinenhersteller in der Konsequenz *„eine stärkere Koppelung"* an das Marktrisiko des Kunden erfahren. Die Mehrheit der Experten/-innen folgt dieser Sichtweise und sieht insbesondere unterschiedliche marktliche Faktoren als dominante Risikoquellen an. Nach Auffassung von Experte E6 stellt sich deshalb zunächst folgende Frage: *„Wie bereit ist eigentlich unser Markt dafür, auf solch ein Geschäftsmodell einzugehen?"* Experte E10 führt aus, dass angesichts der Aufteilung des marktbezogenen (Nachfrage-)Risikos zwischen Hersteller und Kunde durch die nutzungsabhängige Gestaltung unbedingt das Problem einer ‚fairen' Bepreisung gelöst werden müsse.

Eng mit diesem Aspekt ist weiterhin der Umgang mit dem Restwertrisiko insofern bedeutsam, als durch die nutzungsabhängigen Vertragskomponenten Lebenszyklen verkürzt und Anlagen schneller – technisch und/oder ökonomisch – entwertet werden. In dieser Logik schätzt auch Experte E4, dass das Restwertrisiko infolge einer etwaigen flächendeckenden Adaption von PPX-Geschäftsmodellen z. B. in den Bereichen Anlagen-/Maschinenbau, Landwirtschaft, Transport und Baugewerbe immer präsenter werden wird. Es stellt sich die Frage, welche der partizipierenden Parteien in welchem Umfang dieses Risiko übernimmt, wobei insbesondere für Banken das Restwertproblem relevant zu sein scheint, da diese in der gegebenen Situation die Maschine nicht über den gesamten Produktlebenszyklus in ihrer Bilanz haben wollen, um etwaige Sonderabschreibungen

(Abwertungen) am vermeintlichen Laufzeitende zu vermeiden. Während sich dieses Problem angesichts der gewährten (Nutzungs-)Flexibilität aus Sicht einzelner beteiligter Parteien stets ergeben wird, scheint das Restwertrisiko für den Maschinenhersteller, zumindest nach Auffassung von Experte E1, als eher gering einzustufen zu sein. Hintergrund dieser These ist die Überlegung, dass im Rahmen nutzungsorientierter Geschäftsmodelle die Wartung sowie die Instandhaltung weiterhin beim Hersteller verbleiben, wodurch dieser (1.) zu jedem Zeitpunkt Informationen über die Nutzung des Anlagegegenstandes hat und (2.) sogar selbst für die Qualität der Maschine innerhalb der Nutzungsperiode verantwortlich zeichnet. Bedingt durch diese aktive Rolle lassen sich im Ergebnis auf Sekundärmärkten mit den betroffenen Maschinen dann ggf. sogar höhere Verkaufserlöse erzielen als im Vergleich zu einer „normalen" Gebrauchtmaschine, was wiederum zu einem Momentum dahingehend führen könnte, Maschinen im Rahmen von nutzungsbasierten Geschäftsmodellen aktiv auf dem Markt anzubieten. Vermutlich etwas überspitzt, merkt Experte E2 in diesem Zusammenhang an: *„Ich weiß ja wie gut die Qualität ist und, dass ich im zweiten Leben der Maschine viel mehr Geld verdienen kann als im ersten Leben"*. Was also für Banken durchaus ein Problem darstellen kann, könnte für den Hersteller zu einer zusätzlichen Einnahmequelle auf Sekundärmärkten führen. Schließlich sei angemerkt, dass sich in einer Gesamtschau festhalten lässt, dass im Rahmen der geführten Interviews keiner der Experten/-innen einen etwaigen Insolvenzfall des Herstellers als ‚kritisch' in die Diskussion eingebracht hat. Obwohl angesichts der oftmals durchaus erfolgreichen Geschäftsjahre im deutschen Maschinen- und Anlagenbau in den letzten Jahren das Ausfallrisiko in dieser Branche vergleichsweise gering sein sollte, bemerkte zumindest Experte E5, dass die Konsequenzen und Regelungen, die bei PPX-Geschäftsmodellen aus dem Insolvenzfall einer der beteiligten Parteien erwachsen können, noch nicht abzuschätzen seien.

In Bezug auf die Ausgestaltung von nutzungsbasierten Vertragskonstruktionen betrachten die Experten/-innen weiterhin das sog. „Nutzungsrisiko" als eine in Teilen ‚neue' Risikoquelle und beziehen sich damit konkret auf das Risiko einer Unterauslastung. So dürften sich die beteiligten Parteien oftmals schwertun, das Nutzungsrisiko *„zu verstehen, zu bepreisen und dann auch laufend zu managen"* (E5), da es auch *„zum Missbrauch von solchen Modellen"* (E8) kommen kann, wenn sich Kunden Kapazitäten einkaufen, also Maschinen oder Anlagen im Rahmen nutzungsorientierter Modelle bestellen, die im Prinzip nicht benötigt und daher abseits der Nachfragespitzen ungenutzt stehen gelassen werden. Derartige Verhaltensweisen wären selbstverständlich *„kontraproduktiv, zum einen für den Finanzierer und auch für das Unternehmen"* (E9). Im Rahmen der vertraglichen Gestaltung müssen im Kern daher folgende Fragen unbedingt beantwortet werden: *„Wer kann das Nutzungsrisiko abdecken und übernehmen? Und was ist der Preis dazu und ist dieser bezahlbar oder nicht?"* (E5).

Eines der größten Probleme beim Einsatz nutzungsbasierter Finanzierungsmodelle liegt aus übereinstimmender Perspektive der befragten Experten/-innen schließlich im Bereich der „Cyber Security" und allgemeinen IT-bezogenen Sicherheitsrisiken. Da, wie bereits zuvor dargelegt, PPX-basierte Vertragsmodelle als eine Art informationsbezogene

Marktplätze konzipiert sind, erfordern sie zwangsläufig den umfassenden Austausch von Datenströmen, sodass derartige Risikoquellen *„ein nicht von der Hand zu weisendes Thema"* (E9) sein werden. In dieser Logik muss vor allem im Bereich des Datenmanagements und -sharings sichergestellt werden, *„dass innerhalb dieser Prozesskette die richtigen Daten reinkommen, denn wenn die falschen Daten reinkommen, dann kann das das ganze System lahm legen"* (E10). Weiterhin ist ein besonderes Augenmerk (a.) auf die Absicherung der Daten gegen Manipulationen, (b.) auf klar abgegrenzte Zugriffsberechtigungen für Datenbestände sowie (c.) die Verifizierbarkeit der Daten zu legen.

Alles in allem ergeben sich aus dem spezifischen Risikoprofil von PPX-Geschäftsmodellen sowohl für die involvierten Unternehmen als auch die beteiligten Banken eine Reihe ‚neuer' Risikoquellen, die zusammenfassend durchaus einen nennenswerten Einfluss nehmen dürften. Experte E4 führt daher auch aus: *„Wir sind mittendrin in einem irrsinnigen Umbruch unter Unsicherheiten, sodass es jetzt wenig hilft, aus der bisherigen Erfahrung zu schöpfen"* (E4). Für das Risikomanagement von Banken können sich aus einer solchen Einschätzung durchaus gravierende Veränderungen ergeben, da u. a. Due-Diligence-Prüfungen zur Risikominimierung des Preismodells ebenso erforderlich sind wie die neue Identifikation und Definition geeigneter Finanzkennzahlen zur Erfassung des Risikos von PPX-basierten Geschäftsbeziehungen. Geeignet für diesen Zweck scheinen, so einige Experten/-innen, Größen wie der Schuldendeckungsgrad (E4), die ‚Overall Equipment Efficiency' (E13) oder die ‚Monthly Recurring Revenues' (E13).

3.2.4 Chancen von PPX-bezogenen Geschäftsmodellen

Dem zuvor skizzierten Risikoprofil von PPX-Geschäftsmodellen steht natürlich auch eine Vielzahl von potenziellen Chancen gegenüber, die aus der Sicht der Experten/-innen insbesondere sowohl in der mittelständischen deutschen Wirtschaft als auch im Banken-/Finanzbereich verortet werden. Eine grundsätzliche Chance soll zunächst in der Möglichkeit liegen, sich am Markt über das Alleinstellungsmerkmal von PPX-basierten Angeboten von der Konkurrenz abzuheben. So stellt Experte E7 auch mit Blick auf Banken fest, dass man sich mit PPX-Angeboten *„heute noch differenzieren"* kann und dies in den nächsten Jahren noch so bleiben wird (E7). Im Sinne eines „First Mover"-Effekts sollen angesichts des noch niedrigen Wettbewerbs insbesondere Banken profitieren, die sich frühzeitig an die Umsetzung nutzungsbasierter Finanzierungskonzepte wagen.

Ein weiteres interessantes Potenzial für Banken sehen die befragten Experten/-innen darüber hinaus in der Chance, durch nutzungsbasierte Finanzierungskonzepte *„eine neue Kundengruppe anzusprechen"*, bei denen ohne die nutzungsorientierten Modelle *„noch gar kein Fuß in die Tür"* zu bekommen wäre (E6). Neben der Erschließung neuer Kundengruppen soll es weiterhin möglich sein, auf den (initialen) nutzungsorientierten Grundangeboten aufbauende Geschäftsmodelle und Produkte zu kreieren und anzubieten, um völlig neue Marktsegmente zu begründen und nutzbar zu machen. So könnte – wie schon zuvor angedeutet – der Absatzmarkt für Sekundär-/Gebrauchtmaschinen auch für Banken in ihrer Rolle als ‚Makler' (und Finanzier) erschlossen werden oder sich neue Einnahmequellen auch dadurch ergeben, dass *„ich da x Millionen Daten am Tag bekomme. Ich kann die für irgendwelche Benchmark-Reports verwenden für Kreditrisiken, Ratings und die dann vielleicht auch weiterveräußern"* (E5). Zusätzlich können Banken zu den neuen Finanzierungsmodellen Versicherungen anbieten oder *„als eine Art Berater, Maschinenbauern in der Finanzierungstransformation zur Seite stehen"* (E1). Insgesamt ergibt sich für Banken nach Ansicht der Experten/-innen durch die Umsetzung solcher nutzungsbasierter Finanzierungsmodelle demnach die Möglichkeit, *„mehr Geschäft zu generieren und wahrscheinlich auch einen höheren Zinssatz verlangen zu können"* (E9), also *„mehr als zwei, zweieinhalb Prozent, die man vielleicht im traditionellen Leasing in Deutschland verdienen kann"* (E5), sodass, wenn *„Banken zukünftig wirklich Geld verdienen wollen"* (E3), sie nach der Mehrheit der Experten/-innen auf diese Modelle setzen sollten. Anderer Ansicht ist demgegenüber Experte E4, nach dem die Anreize für eine Teilnahme an nutzungsbasierten Finanzierungskonstruktionen eher in der Provision als einem höheren Zinssatz liegt: *„Für uns Banken heißt das dann im Endeffekt, dass, wenn man Teil dieser neuen Finanzierungsmodelle sein darf, dann wird das eher ein Provisionsthema, wie ein Vermittlungsprovisionsthema, sein – aber weniger ein Zinsmargenthema"*.

3.2.5 (Organisationale) Voraussetzungen und kritische Einflussgrößen

Eine grundlegende Voraussetzung, um in organisationaler Sicht den neuen Markt für nutzungsbasierte Geschäftsmodelle als Bank zu erschließen, sehen die befragten Experten/-innen in der konsequenten Verfolgung eines „Top-Down-Ansatzes". Mit einer derartigen organisationsinternen Verankerung soll sich die Akzeptanz der Finanzinnovationen am besten durchsetzen lassen. So meint Experte E1: *„Das ist eine Top-Down-Aufgabe. Wir brauchen ein Führungsorgan, ob das jetzt ein Chief Digital Officer ist oder CTO – der einen Weitblick hat, der das will, der diesen Wechsel sieht"*. Basierend auf einem derartigen Startpunkt muss es nach übereinstimmender Meinung der Experten/-innen dann im Sinne eines weiteren erfolgskritischen Faktors um den Ausbau spezifischer Fähigkeiten in Bezug auf die Erfordernisse von PPX-Geschäftsmodellen gehen: Im Mittelpunkt stehen in diesem Zusammenhang u. a. interne Kompetenzen von Banken im Hinblick auf ein grundlegendes Verständnis der jeweiligen Industrie, der eingesetzten Technologie sowie des einschlägigen marktlichen Umfelds. Experte E1 führt dazu treffend aus: *„Um das dann auch wirklich eingehen zu wollen als Bank, ist ein gewisses technisches Verständnis notwendig und auch ein Industrieverständnis, dass man sich vielleicht wirklich aussucht, auf welche Industrien man setzen will"* (E1). Banken sollten demnach zwecks Bepreisung der Modelle über das technologische Wissen verfügen und *„ein Verständnis darüber, wie so eine Fabrik oder eine Industrie tickt"* (E5), mitbringen.

In dieser Logik sieht Experte E4 *„die technische Affinität“* von Banken und *„damit auch die Aufgeschlossenheit für Innovationen, für Veränderungen“* als eine Grundvoraussetzung für das Angebot nutzungsbasierter Finanzierungskonzepte an. Diese Eigenschaften und Fähigkeiten sollten ergänzt werden um umfassende spezifische Kenntnisse über die jeweiligen Kunden, um eine detaillierte Risikomodellierung zu ermöglichen. Eine derartige Ergänzung ist insofern zentral, als nach der Meinung der Experten/-innen für die Banken – neben genereller Flexibilität und Dynamik – eine adäquate Risikobereitschaft eine der kritischen Fähigkeiten darstellt, die für das Angebot und die Begleitung von PPX-Geschäftsmodellen unabdingbar sind.

Anknüpfend an die zuvor diskutierten Eigenschaften und Kompetenzen stellt aus der Sicht der Experten/-innen schließlich ein vermehrter, also intensivierter ‚Digitalisierungseinsatz‘ ein weiteres grundlegendes Erfordernis für die Adaption nutzungsdatenorientierter Finanzinnovationen dar. Anders formuliert: Der bisher zu konstatierende Status-quo ist offenbar nicht ausreichend! In diesem Sinne führt Experte E1 aus, dass *„aufgrund dieses Daten-Backgrounds, man dort eine gewisse Expertise aufbauen muss, um auf Augenhöhe diskutieren zu können“*. Darüber hinaus müssen Banken, *„nur um an diesen Modellen teilzunehmen“*, bereits *„relativ hohe IT-Investitionen“* tätigen (E10), d. h. Infrastruktur und verfügbare Plattformen müssen (erst noch) in die Lage versetzt werden, PPX-Geschäftsmodelle abzubilden. Entsprechend müssen laut Aussage der Experten diejenigen Banken, *„die wirklich seriös in diesen Bereich hinein wollen“* (E5), in Infrastruktur und Plattformen zur Abwicklung dieser Geschäftsmodelle investieren. Die erforderlichen Investitionen umfassen schließlich auch den Kompetenzaufbau bei den Mitarbeiter/-innen der Banken, da es notwendig ist, *„den regionalen Sparkassen-Berater zu enablen“* (E12), damit das notwendige Verständnis für die Industrie und den Kunden erlangt wird. Gleichzeitig müssen involvierte Banken auch die Brücke zu den (insbesondere kleinen) Mittelständlern schaffen, um den (potenziellen) Kunden ebenfalls ein grundlegendes Verständnis für nutzungsbasierte Geschäftsmodelle mit ihren Potenzialen und Chancen näher zu bringen. In diesem Zusammenhang empfehlen die befragten Experten/-innen, über geeignete Personalmaßnahmen und/oder organisatorische Veränderungen Fachexpertise von außerhalb in die erforderlichen Kernbereiche der eigenen Bank zu integrieren, wobei die gewonnenen Persönlichkeiten über eine gewisse Risikobereitschaft verfügen müssen bzw. neu geschaffene institutionelle Arrangements ein gewisses Maß an risikoorientierter Offenheit und Flexibilität aufweisen sollen. Experte E4 formuliert eine solche Sichtweise und empfiehlt, *„über die Muttergesellschaft oder auch innerhalb der Regionalbanken strategische Allianzen“* zu bilden, da die durch PPX-basierte Vertragskonstellationen induzierte Informationsflut für eine Vielzahl von (Regional-)Banken ansonsten nicht beherrschbar wäre.

Eine zusammenfassende Übersicht über die wichtigsten Hemmnisse und Risiken sowie die seitens der Experten/-innen angeführten Chancen(-potenziale) findet sich in Abb. 3.3, in der weiterhin auch die als notwendig erachteten – primär organisatorischen – Voraussetzungen für PPX-Geschäftsmodelle angeführt sind.

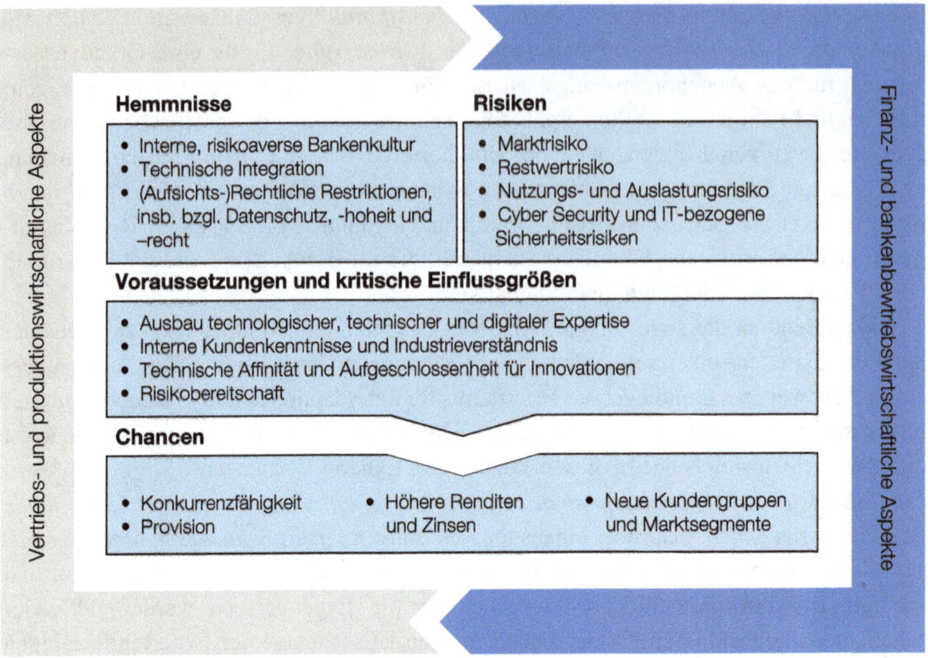

Abb. 3.3 Zusammenfassung der relevantesten Hemmnisse, Risiken, Voraussetzungen und Chancen

3.2.6 Finanzwirtschaftliche und bankbetriebliche Aspekte

3.2.6.1 Status-quo der finanztechnischen Ausgestaltung

In den geführten Experteninterviews sind insbesondere im Zusammenhang mit den vermeintlichen Vorteilen/Chancen von PPX-Geschäftsmodellen regelmäßig bestimmte konzeptionelle/rechtliche Ausgestaltungsformen angeführt worden, die in der betrieblichen Praxis gängig sein sollen. In diesen Varianten besetzen die beteiligten Parteien, d. h. der Maschinenhersteller, der Maschinennutzer (Kunde) und der Finanzdienstleister (Bank), unterschiedliche Rollen, sodass die Attraktivität dieser Formen der Zusammenarbeit jeweils anders eingeschätzt werden dürfte. Wenngleich seitens der Experten/-innen mit verschiedenen Bezeichnungen belegt sowie mitunter konzeptionell etwas unterschiedlich dargestellt, handelt es sich im ökonomischen Kern um drei finanztechnische Ausgestaltungen von PPX-Modellen, bei denen – neben einer rein mit Eigenkapital unterlegten Umsetzung – eine Kooperation mit einer Bank explizit vorgesehen ist. Diese, im jungen Markt für nutzungsbasierte Geschäftsmodelle gängigen Ausgestaltungen stehen (a.) im Zusammenhang mit klassischen Leasingverträgen, (b.) weisen ratenkaufähnliche Elemente mit variablen Komponenten auf oder (c.) beruhen mit Blick auf Teilbarkeit und Handelbarkeit auf der Schaffung eigenständiger rechtlicher Einheiten.

In der Ausgestaltungsvariante (a.) bietet der Maschinenhersteller seinem Kunden in Anlehnung an klassische Leasingverträge ein individuelles PPX-Geschäftsmodell an, das er selbst typischerweise über traditionelle Leasingmodalitäten – wie Sale-and-Lease-back – mithilfe einer Bank finanziert. Damit verbleibt die Maschine im Eigentum des Maschinenherstellers, der weiterhin für die Wartung und Instandhaltung der Maschine zuständig ist (E7). Experte E14 hat dieses Modell zusammenfassend wie folgt beschrieben: *„In diesem Modell habe ich den Endkunden, wo auch die Maschine physisch steht; ich habe den OEM [= Original Equipment Manufacturer, Anmerkung der Verfasser], der hat das Geschäftsmodell aufgebaut, was absolut Pay-per-Use-basiert ist und was über ein ganz normales Sale-and-Lease-back finanziert ist“*. Im Einklang mit diesen Erfahrungen hat auch Experte E8 ein solches Modell am Markt identifizieren können und kennzeichnet dieses wie folgt: *„Pay-per-Use-Financing bedeutet, wir gehen zur Bank und holen uns einen Kredit‘. Durch diesen Kredit kann dem Hersteller ermöglicht werden, dass dieser die Maschinen weiterhin auf die eigene Bilanz nimmt und sie dann weiter an den Nutzer vermietet“*. Eine Bank tritt in diesen beschriebenen Geschäftsmodellen demnach vornehmlich als Refinanzierer im Hintergrund in Erscheinung und nimmt damit in einer Gesamtbetrachtung eine eher passive Rolle in der beschriebenen Umsetzungsvariante ein.

In der nächsten Ausgestaltungsvariante (b.) befindet man *„sich gedanklich bei einem traditionellen Verkaufsgeschäft“* (E14), bei dem der Maschinenhersteller die Maschine an den Maschinennutzer veräußert, der wiederum zur Finanzierung dieser Maschine eine Bank einschaltet. Das Kreditinstitut fungiert in dieser Konstellation sowohl als traditioneller Finanzierer als auch als PPX-Vertragspartner, an den der Maschinennutzer nutzungsbasierte Zahlungen leistet. Diese Umsetzungsvariante zeichnet sich demnach *„nicht mehr durch statische monatliche Zahlungen an die Bank, sondern durch volatile Zahlungsströme“* (E9) aus, sodass Experte E8 das Modell als eine Art *„Pay-per-Use-Kredit“* beschreibt, bei dem *„der Hersteller das Gut oder Asset an den Nutzer zu einem gewissen verhandelten Preis vergibt. Das ist der klassische ‚One Time‘-Sale. Die Bank, die die Finanzierung für den Kunden stellt, fordert dann Rückzahlungen auf Basis der Auslastung der Maschine. Somit haben wir eine flexible Finanzierungsform, also einen flexiblen Kredit“*. Ein analoges Modell kennt auch Experte E14 aus der betrieblichen Praxis und beschreibt es wie folgt: *„Bei diesem Modell macht der OEM alles wie normal: Der Bank-Partner tritt in das Geschäft ein und jetzt mache ich den Zahlungsstrom zwischen dem Finanzpartner und dem Kunden volatil, in dem der Finanzpartner aus der Kundenmaschine über die Cloud weiß, wie die Maschine genutzt wird“*. In dieser Ausgestaltungsform partizipiert die Bank somit aktiv am nutzungsbasierten Geschäftsmodell.

In einer weiteren Ausgestaltungsvariante (c.) handelt es sich um ein PPX-Geschäftsmodell, das auf die Schaffung einer eigenständigen rechtlichen Einheit, einem sogenannten „Special Purpose Vehicle“, zielt. In dieser Umsetzungsvariante wird daher eine Zweckgesellschaft gegründet, der ein oder mehrere Maschinenhersteller ihre Maschinen gegen den regulären bzw. vereinbarten Kaufpreis veräußern. Das Angebot zur variablen Maschinennutzung wird dem Kunden dann über die Zweckgesellschaft unterbreitet, die *„die Assets der Maschinenhersteller trägt“* (E2) und die als PPX-Vertragspartner auftritt. Da die Zweckgesellschaft die Anlagen und Maschinen mehrerer Maschinenhersteller zur Nutzung anbietet bzw. bündelt, prognostiziert Experte E4 im Hinblick auf die angebotenen

Leistungen, dass *„es in diesem Bereich auf übergeordnete Standardprodukte"* hinauslaufen wird. Experte E14 fasst das Modell wie folgt zusammen: *„In diesem Geschäftsmodell nehme ich eine SPV, also eine Zweckgesellschaft, und füttere diese mit Kapital. Darüber hinaus gibt es einen OEM und einen Kunden, die alle gemeinsam über eine Cloud miteinander vernetzt sind, damit Kapital- und Informationsflüsse strukturiert werden können"*. Gemäß Experte E8 *„verwaltet die Gesellschaftsform damit de facto die Assets, wodurch der Hersteller den Vorteil hat, sich entscheiden zu können, zu welcher Kritikalität er sich an dieser Gesellschaft beteiligen möchte"*. Beteiligten Banken kommt in dieser Ausgestaltungsvariante schließlich die klassische Aufgabe eines koordinierenden Finanzintermediärs zu, das rechtlich verbriefte Konstrukt ist für die beteiligten Akteure aber in jedem Fall strategisch ausgerichtet.

3.2.6.2 Durchsetzungspotenzial der Ausgestaltungsvarianten

Mit Blick auf die Attraktivität und damit die Durchsetzungspotenziale der zuvor dargestellten Ausgestaltungsvarianten für nutzungsorientierte Vertragskonstruktionen sind die Experten/-innen übereinstimmend der Meinung, *„dass sich da eine gewisse Koexistenz einstellen wird"*, sodass sich noch *„keine Richtung einschätzen lässt, was das bevorzugte Modell sein wird"* (E13). Schlussendlich, so die Auffassung, kommt es immer auf die Bedürfnisse und das Umfeld des/der Kunden/-in an, welche Form der nutzungsbasierten Finanzierung am geeignetsten ist. Experte E9 formuliert daher auch die Vermutung, dass *„es vielleicht irgendwann eine Lösung gibt, die von Finanzierung bis hin zu Wertpapiergeschäften alles beinhaltet"*. In dieser Logik ist Experte E2 daher prinzipiell auch der Überzeugung, dass sich nutzungsbasierte und damit variable Finanzierungsformen von der klassischen Absatzfinanzierung über ein ‚Special Purpose Vehicle' (SPV) bis hin zu einem ‚Equipment-as-a-Service'-Modell, in dem es um die reine Vermietung geht, entwickeln sollte. Wichtig scheint dabei aber in jedem Fall zu sein, dass die Ausgestaltungs-/Finanzierungsvariante für einen erfolgreichen Mittelständler das Potenzial besitzt, global skalieren zu können.

Für Experte E8 ist die Variante über eine Zweckgesellschaft am interessantesten, da in dieser Konstruktion *„das Asset-Risiko oder die Assets selber auf der Bilanz der SPV liegen"*. Bedeutsam dürfte aber sein, dass sich Maschinenhersteller und Banken mit einem ‚First-Loss-Piece', also einer risikotragenden Beteiligung, in die Zweckgesellschaft einbringen. Ferner sollte das Special Purpose Vehicle eine kritische Größe von mehreren hundert Maschinen aufweisen, um rentabel und kapitalmarktfähig zu sein. Experte E7 stellt dazu fest, dass Zweckgesellschaften eine Größenordnung *von „500 Maschinen haben sollten, je nachdem, was für eine Maschine es ist. Also gar nicht mal die ganz teuren, sondern die im Mittelsegment. Dann kommen wir von der Größenordnung in die Nähe von einem kapitalmarktfähigen Produkt. Das macht nicht jede Investitionsbank, manche wollen auch fast dreistellige Volumina auflegen"*. Zwecks Gewährleistung derartiger dreistelliger Volumina wäre – wie zuvor schon angedeutet – auch eine Kooperation mehrerer Hersteller denkbar: *„Allein wäre jedes Unternehmen zu klein für eine Kapitalmarktlösung. Deswegen ist ein interoperabler Ansatz auch so wichtig. Nur, wenn die Unternehmen dem* *folgen, dann könnten sie Teil dieser Verbriefungsstruktur werden"* (E7). Einen weiteren Vorteil von SPVs sehen Experten ferner darin, dass sich im Insolvenzfall eines Herstellers die Interessen zwischen den Stakeholdern besser gleichschalten lassen: *„Also, wenn der Maschinenhersteller wirklich mal Probleme hat, dann liegen die Maschinen bei ihm. Das will ich als Nutzer vielleicht gar nicht, da bin ich vielleicht froh, wenn es über SPVs läuft, die vollständig refinanziert sind durch die Ausgabe von Wertpapieren. Da stellt sich diese Frage nicht. Das SPV hat die Maschine bezahlt, sie gehören ihm. Und wenn kein Geld mehr fließt an die Investoren, die noch Wertpapiere halten (...) werden die im Zweifel pro Nutzer verwertet"* (E7). Spätestens ab einer hinreichenden Größe von PPX-Geschäftsmodellen am Gesamtumsatz sollte daher dann eine sehr hohe Wahrscheinlichkeit bestehen, dass Hersteller SPV-Konstrukte in Anspruch nehmen, *„weil man es da am besten steuern kann, sowohl auf der Investorenseite als auch hinsichtlich der Verpflichtung der Hersteller, die dem SPV vertraglich verpflichtet sind. Und dann ist am besten, wenn es übergreifende Lösungen sind. Das heißt also, wenn sich Unternehmen zusammentun und sagen, wenn der eine ausfällt, übernimmt der andere die Wartung"* (E7), wobei für eine solche Lösung eine Standardisierung der Maschinen notwendig wäre.

Einige Experten/-innen, u. a. die Experten E8 und E14, sehen auch in einer Kreditlösung eine durchaus gangbare Möglichkeit für die finanztechnische Ausgestaltung nutzungsbasierter Vertragskonstruktionen, wohingegen Experte E4 den klassischen Kredit für diese Zwecke jedoch als *„ein schwieriges Unterfangen"* ansieht, *„weil das zu kleinkariert sein wird"* und es somit *„als Regionalbank zu aufwendig wäre"*. Einigkeit besteht bei den Experten/-innen dann aber wieder im Hinblick auf die Markttauglichkeit von Leasingmodellen für nutzungsorientierte Gestaltungen. So ist Experte E1 der Überzeugung, *„dass sich das Leasing-Modell [und nicht der Kredit] durchsetzen wird"*, da sich bei diesem Modell die Maschinennutzer auf ihre Kernkompetenz, das Produkt, fokussieren. Ferner sei vorteilhaft, dass der Vermögensgegenstand (Asset) im Leasingmodell nicht im wirtschaftlichen Eigentum der Nutzer liegt, dass sie sich in ihrer Rolle als ‚Mieter' nicht um die technischen Details der Produktion kümmern müssen. Experte E1 merkt an dieser Stelle an: *„Ich glaube eher, dass Kunden eben Interesse haben an dem Output anstatt dem Produktionsbetrieb"*. Dieser Sichtweise schließt sich auch Experte E10 an, der grundsätzlich noch keine Tendenz für ein Modell sieht, *„aber von dem, was möglich ist, dem Leasingmodell eine gewisse Präferenz geben"* würde. Besonders interessant sei das zuvor skizzierte mietähnliche Operate Leasing (E7).

Vereinzelt lassen sich in einigen Wirtschaftszweigen weiterhin sehr eigenkapitalstarke Unternehmen ausmachen, die in der Lage sind, das Risiko der unterschiedlichen Geschäftsmodelle selbst zu tragen oder es *„in irgendeiner Weise wieder an den Markt abzutreten"* (E10). Liegen derartige Möglichkeiten vor, kann ein nutzungsbasiertes Geschäftsmodell prinzipiell auch ohne Einbindung einer externen Bank finanziert werden. Nach Experte E2 werden eigenkapitalstarke Unternehmen *„ganz klar in diese Richtung gehen und nicht nur ein Zehntel Prozent ihres Umsatzes mit der Vermietung machen, sondern vielleicht 15, 20, vielleicht 30 %"*. Für die konkrete Umsetzung nutzungsorientierter Vertragskonstruktionen dürfte es schließlich aber auch für die eigenkapitalstarken Unternehmen erforderlich sein, eigene Geschäftsbanken und ‚Captive'-Gesellschaften zu gründen. Experte E5 ist demgegenüber anderer Auffassung und sieht nicht, dass Maschinenhersteller auf derartige Modelle umsteigen. Diese Sichtweise wird in folgender Aussage deutlich: *„Ich bin ein Maschinenhersteller, ich bau Maschinen, aber ich bin keine Bank"*. Weiterhin sei davon auszugehen, dass die Maschinenhersteller mit diesen (und anderen) Geschäftsmodellen stets das Nutzungsrisiko an andere abtreten wollen. In einer Gesamtschau sind sich die Experten/-innen deshalb auch einig, dass es hinsichtlich einer weitreichenden Skalierung nutzungsbasierter Geschäftsmodelle darum gehen muss, *„relativ zügig einen Partner zu finden. Das bringt eine gewisse Komplexität mit, denn man will ja auch nicht einen Partner, der jetzt irgendwie stiller Beteiligter ist, sondern man will einen Partner auf Augenhöhe"* (E9). In dieser Perspektive wird die gewünschte globale Skalierung *„ohne Banken nicht funktionieren"* (E9). Folglich ist Experte E13 auch der Ansicht, dass zwar die Rolle der Bank in der Ausgestaltung nutzungsbasierter Geschäftsmodelle zu diskutieren sei, jedoch *„weniger, ob sie eine Rolle spielt"*.

Ungeachtet der großen Bedeutung, die die Experten/-innen (Regional-)Banken für die Umsetzung nutzungsbasierter Geschäftsmodelle beimessen, scheinen sich weiterhin Versicherer als Konkurrenz zu Banken auf dem Markt platzieren zu können. Versicherer haben naturgemäß *„eher einen Portfolioblick auf die Dinge"* (E1) und können *„gerade in der Risikomodellierung, nicht nur der klassischen Finanzrisikomodellierung, sondern der Asset-Risikomodellierung"* (E6) als eine vielversprechende Alternative zur Zusammenarbeit mit Banken gelten. Weiterhin bietet sich innerhalb der Wertschöpfungskette – neben Banken und Versicherungen – noch sehr viel Potenzial für die Einbindung weiterer (dritter) Akteure wie Fintechs oder BigTechs, *„die selber einen Teil der benötigten technologischen Lösungen darbieten könnten"* (E12). Es verwundert deshalb auch nicht, dass nach Auffassung z. B. von Experte E4 diesen neuen Marktakteuren insbesondere für Regionalbanken eine entscheidende Rolle zukommen wird, *„um Banken zu ermöglichen, in dem Ökosystem nutzungsbasierter Geschäftsmodelle Fuß zu fassen"*. In der Konsequenz sollten sich Fintechs dadurch als *„Nischen-Anbieter fest am Markt etablieren"* können (E11) und insofern eine Brücke zwischen der Industrie und dem Finanzsektor bilden, da sie als *„technologische Enabler"* (E8) in das Ökosystem eintreten. Fintechs werden demnach insbesondere als Consultant (E14) in Erscheinung treten und Maschinenhersteller dabei unterstützen, *„PPX-ready zu werden"* (E13). Mit Blick auf das konkrete Aufgabenspektrum von Fintechs in der gemeinsamen Konstellation mit der (Haus-)Bank und dem Maschinenhersteller dürften die Kernaufgaben der vermittelnden Tech-Start-ups vernehmlich in kleinen Aufgaben wie der *„Rechnungsstellung und Digitalisierung der Invoices"* (E8), der Schaffung technologischer Plattformen (E10 und E11) oder auch der Bereitstellung von Einzelkundenlösungen durch die Entwicklung von Preissystemen samt hochauflösender IIoT-Lösungen liegen. Für die Zukunft ist daher im Rahmen nutzungsbasierter Geschäftsmodelle *„eine sehr bunte Landschaft an Ökosystemen und an Modellkonstellationen"* (E13) zu erwarten, wobei es vermutlich eine Vielzahl an Schnittstellen und zentralen, externen Plattformen geben wird, die sich für die Abwicklung, die Abrechnung sowie das Risikomanagement verwenden lassen. Konkret ist allerdings im Moment nach Experte E4 noch nicht abschätzbar, wer diese Plattformen schlussendlich aufbauen wird oder ob sich eher Individuallösungen durchsetzen werden. (Regional-)Banken allein sieht Experte E4 in jedem Fall nicht in der Lage, derartige technische, externe Plattformen zu schaffen.

3.2.6.3 Rolle der Banken in nutzungsbasierten Geschäftsmodellen

Vor dem Hintergrund des vorstehenden Befundes bietet es sich zum Abschluss an, die Rolle der Banken in nutzungsbasierten Geschäftsmodellen weiter auf Basis der Expertenmeinungen zu präzisieren. Obwohl Experte E10 (Regional-)Banken nicht nur als Intermediär sieht, sondern ihnen durchaus eine aktive Rolle zuweist, spricht er ihnen zugleich dennoch eher das *„Backend"* des Geschäftsmodells in der Rolle des Payment Providers zu. Gleiches gilt für Experte E2, der der Überzeugung ist, dass *„die Bank sich auf ihr Kerngeschäft konzentrieren soll"*, das im Verleihen von Geld, in engen Kundenbeziehungen und dem Risikomanagement liegt. Der Aspekt der Risikobewertung als vorrangige Rolle der Banken wird auch von Experte E8 betont und zugleich die Möglichkeit hervorgehoben, dass insbesondere der Aufbau komplexer Risikomodelle mittels Künstlicher Intelligenz (KI) ein Nischenmarkt für Banken innerhalb der PPX-Wertschöpfungskette sein könnte. Dies gilt umso mehr, da einige Maschinenhersteller eine solche hausinterne Integration zwar anzustreben scheinen, derartige Lösungen aber noch nicht vollumfänglich alleine umsetzen können (E6). Schließlich werden seitens der Experten/-innen für Banken – losgelöst von den zuvor diskutierten Aufgabenfeldern – Angebote/Dienstleistungen im Bereich von Abrechnungsplattformen/-modellen sowie im *„Treasury Management im erweiterten Sinne"* (E3) als weitere Betätigungsmöglichkeiten angeführt.

Uneinigkeit zwischen den Experten/-innen herrscht in Bezug auf die Frage, ob und inwieweit sich Regionalbanken im neuen Markt der PPX-Geschäftsmodelle gegenüber Großbanken behaupten können. So sind einige Experten/-innen der Auffassung, *„dass die Kompetenz nutzungsbasierter Finanzierungskonzepte bei den größeren Banken konzentriert sein wird"* (E8) und damit eher klassische Unternehmensbanken in nutzungsbasierte Finanzierungsmodelle eintreten werden. Hintergrund dieser Einschätzung ist die Überlegung, dass mittelständische (Hersteller-)Unternehmen einer gewissen kritischen Größe bedürfen, um PPX-Geschäftsmodelle vorteilhaft umsetzen zu können. Experte E8 stellt dazu fest: *„Es wird auch nicht für jeden Mittelständler wirklich interessant sein. Es wird für diejenigen interessant sein, die jenseits der 15 Mio. €-Grenze liegen und einen Umsatz von 50 Mio. aufwärts aufweisen"*. Wird diese Überlegung im Hinblick auf die Rolle von Banken fortgeführt, dürfte die Begleitung nutzungsorientierter Vertragsmodelle in der Konsequenz primär größeren Banken vorbehalten bleiben bzw. es nicht lohnend für kleinere (Regional-)Banken sein, diese Modelle in das eigene Produktspektrum aufzunehmen, da sie im Regelfall eher kleinere mittelständische Unternehmen betreuen. Eine solche, eher kompetenzorientierte Perspektive negiert nach Meinung von Experte E9 allerdings den bedeutsamen Umstand vertrauensvoller, oftmals langjähriger Kundenbeziehungen von Regionalbanken mit ihren lokalen Kunden. Kleine bis mittelgroße Banken operieren nicht nur in unmittelbarer geografischer Nähe zu ihren kleineren, mittelständischen

Firmenkunden, sondern legen auch ihr Hauptaugenmerk auf eben diese Kundengruppe, wodurch sie im Ergebnis im Markt für nutzungsbasierte Geschäftsmodelle bestehen dürften. Experte E2 schätzt diesen Vorteil einer Bank ‚vor Ort' allerdings als eher nachrangig ein, sofern die Möglichkeit der Unterstützung bei der Skalierung nutzungsbasierter Geschäftsmodelle nicht gegeben ist. In diesem Sinne wird ausgeführt: *„Für uns war wirklich das Thema: Haben wir dort einen Partner, der das auch tatsächlich als strategisches Ziel mitverfolgt? Das war für uns eher der ausschlaggebende Punkt. Ich weiß auch gar nicht, ob eine lokale Bank das Modell überhaupt weltweit mit uns skalieren könnte"*. Dieser Auffassung ist auch Experte E5, der den Einstieg von Regionalbanken in den Markt für PPX-Finanzierungsmodelle angesichts des unvermeidbaren Ressourcenbedarfs als schwierig ansieht.

In einer Gesamtschau sehen die befragten Experten/-innen demnach die Chancen für den Einstieg kleiner und mittelgroßer (Regional-)Banken in PPX-Geschäftsmodelle insofern als begrenzt an, als es dazu (externer) Unterstützung in Form *„strategische[r] Allianzen über die Muttergesellschaft oder auch innerhalb der Regionalbanken"* (E5) bedarf. In dieser Logik müssen die hinter Sparkassen und Genossenschaftsbanken stehenden (Spitzen-)Institute wie die Landesbanken, die DekaBank oder die DZ Bank *„eine Koordinationsfunktion übernehmen. Da gibt es dann Know-How-Center zum Thema Pay-per-Use und alle Pay-per-Use-Anfragen oder auch Fragen rund um das Produkt werden in erster Linie zu diesem zentralen Center durchgereicht, da der Vertriebsmitarbeiter, die Vertriebsmitarbeiterin vor Ort einfach sehr, sehr lange brauchen wird, um das Produkt auch voll umfänglich zu verstehen"* (E5). Muttergesellschaften wären in dieser Rolle demnach dazu aufgerufen, z. B. sowohl die dann standardisierten Finanzierungskonzepte selbst als auch das erforderliche Technologiewissen an die nachgelagerten Banken weiterzugeben, sodass die Einstiegshürden in einen erfolgreichen Einsatz nutzungsbasierter Geschäftsmodelle auch in kleinen Einheiten gesenkt werden können.

3.3 Zusammenfassung der qualitativen Ergebnisse

Im Rahmen der qualitativen Studie wurden explorative, semi-strukturierte Tiefeninterviews mit 14 Experten aus Unternehmen, Banken und Fintechs durchgeführt, über die sowohl die Potenziale als auch mögliche (Umsetzungs-)Hürden im Zusammenhang mit einem Angebot nutzungsbasierter Finanzierungskonzepte als neues Marktsegment innerhalb des Firmenkundengeschäfts von Banken identifiziert werden sollten. Ein besonderes Augenmerk lag dabei auf Regionalbanken in Gestalt von Sparkassen und Genossenschaftsbanken, für die sich aufgrund ihrer spezifischen Charakteristika beim Einsatz derartiger Finanzinnovationen besondere Chancen und Risiken ergeben könnten.

In den geführten Interviews ist sehr deutlich geworden, dass nutzungsbasierten Geschäftsmodellen vor allem im von Industrie 4.0 stark geprägten Maschinen- und Anlagenbau mittel- bis langfristig eine große Bedeutung zukommen wird. Schätzungen der Experten zufolge könnte in naher Zukunft jede dritte Maschine über derartige Geschäftsmodellinnovationen vertrieben werden, wobei aber der Einsatz nutzungsbasierter Finanzierungslösungen nicht allein auf diese Branche begrenzt bleiben dürfte. Vor dem Hintergrund dieser positiven Erwartungshaltung konnten die Experten/-innen auch verschiedene konkrete Chancen für die involvierten Banken benennen: Neben neuen bzw. stabilisierten Einnahmequellen in Bezug auf den Provisions- und Zinsüberschuss und damit schlussendlich höhere Renditen (Überschüsse) geht es dabei vor allem um den Aufbau von Wettbewerbsvorteilen gegenüber Mitbewerber/-innen sowie die Erschließung neuer, bis dato nicht bearbeiteter Kundengruppen und Marktsegmente, die mit den neuen Modellen zugänglich werden sollen, sofern sich bestimmte Hemmnisse überwinden lassen. Momentan bestehen nach Auffassung der befragten Experten/-innen kritische Hemmnisse bei der Einführung nutzungsbasierter Geschäftsmodelle insbesondere im Hinblick auf (1.) die Risikobereitschaft des Managements, (2.) die technische Integration sowie (3.) rechtliche und sonstige regulatorische Restriktionen. Des Weiteren identifizierten die Interviewpartner sowohl das Markt- und das (Ab-)Nutzungsrisiko im Rahmen ggf. verkürzter Technologiezyklen als auch Cyber Security-Risiken als wesentliche Risikoquellen für Banken und Finanzdienstleister, die einer Umsetzung nutzungsorientierter Finanzierungsmodelle entgegenstehen könnten. Eine eher untergeordnete Bedeutung wurde in diesem Zusammenhang hingegen dem Restwertrisiko zugemessen, da dieses – zumindest nach Meinung der Mehrheit der interviewten Experten/-innen – in der Regel über funktionierende Sekundärmärkte abgeschwächt werden könne. Kritisch wird im Moment weiterhin auch die Identifizierung einer richtigen Messgröße für das jeweilige PPX-Geschäftsmodell gesehen, also eines Messpunktes, der die tatsächliche Nutzungsbeanspruchung zuverlässig misst oder zumindest ein geeignetes Surrogat (z. B. Reifenabrieb für die Abnutzung eines Fahrzeugs) darstellt. In (banken-)organisatorischer Sicht soll das Angebot nutzungsorientierter Finanzierungsmodelle ferner eine Vielzahl von Veränderungsprozessen erfordern: Zunächst sind sich die Experten/-innen einig, dass derartige Veränderungsprozesse (1.) nur durch eine entsprechende Führungspersönlichkeit (z. B. einen Chief Technology Officer (CTO)) im Sinne eines Top-Down-Ansatzes angestoßen werden können bzw. müssen. Als erfolgskritisch werden ferner (2.) der Auf- und Ausbau technischer Kompetenzen und eine umfangreiche Industrieexpertise bei den Firmenkundenberatern/-innen, (3.) die Modernisierung bzw. der Ausbau der eigenen IT-Infrastruktur sowie (4.) die Entwicklung standardisierter Verfahren einer umfassend verstandenen Due-Diligence angesehen.

Einig waren sich die Experten weiterhin darüber, dass im Zuge der Skalierung nutzungsbasierter Geschäftsmodelle die Rolle von Banken unterschiedlich besetzt sein kann, woraus zwangsläufig spezifische Chancen und Risiken resultieren und sich insgesamt eine jeweils unterschiedliche Attraktivität ergibt. In einer fusionierenden Gesamtsicht der in den einzelnen Interviews angeführten vertraglichen Konstruktionen ließen sich im Ergebnis drei Ausgestaltungsformen nutzungsbasierter Finanzierungskonzepte identifizieren, die sich primär durch den Aktivitätsumfang der Bank in der Geschäftsmodellinnovation unterscheiden und als grundlegende (Arche-)Typen verstanden werden können: In der ersten Gestaltungsvariante, dem passiven PPX-Geschäftsmodell (Typ 1), bietet der Maschinenhersteller dem Kunden ein individuelles PPX-Geschäftsmodell an. Die Maschine verbleibt im Eigentum des Herstellers. Zwecks Skalierung eines solchen Geschäftsmodells tritt im Regelfall eine Bank im Hintergrund als Refinanzierer auf, wobei typischerweise traditionelle Leasingmodalitäten (Sale-and-Lease-back) mit fixen Leasingraten zwischen Bank und Maschinenhersteller zum Tragen kommen. Für das Design des PPX-bezogenen Preissystems ist alleine der Hersteller verantwortlich, der zugleich als „wirtschaftlicher Eigentümer" anzusehen ist. Nachfrage- und Ausfallrisiken werden in Teilen durch den Hersteller übernommen, das Restwertrisiko kann jedoch prinzipiell zwischen Hersteller und Bank im Rahmen der Vertragsmodalitäten aufgeteilt werden.

Im Rahmen der zweiten Gestaltungsvariante, dem aktiven PPX-Geschäftsmodell (Typ 2), verkauft der Maschinenhersteller die Maschine an den Maschinennutzer, der für die Finanzierung dieser Maschine eine Bank einbezieht. Die Bank fungiert somit sowohl als klassischer Finanzierer als auch PPX-Vertragspartner bzw. -gestalter und nimmt dadurch de facto eine aktive Rolle ein. Die Maschine verbleibt im rechtlichen und wirtschaftlichen Eigentum des Maschinennutzers. Zum Laufzeitende des PPX-Vertrages fällt daher eine Restzahlung an oder es wird eine Vertragsverlängerung vereinbart. Charakteristisch für diese Gestaltungsvariante ist eine Risikoteilung zwischen dem Maschinennutzer und der Bank: Die Bank trägt – neben dem zwangsläufig existierenden Ausfallrisiko des Maschinennutzers – über nutzungsorientierte Raten auch (schwankende) Nachfragerisiken, die sie sich über höhere Zinsforderungen vergüten lassen wird. Das Restwertrisiko kann schließlich auch in dieser Variante prinzipiell zwischen den Vertragsparteien (Maschinennutzer und Bank) im Rahmen der Vertragsmodalitäten aufgeteilt werden.

Im Gegensatz zu den beiden zuvor aufgezeigten Gestaltungsvarianten für PPX-Geschäftsmodelle, die entweder im Zusammenhang mit klassischen Leasingverträgen stehen (Typ 1) oder ratenkaufähnliche Elemente mit variablen Komponenten aufweisen (Typ 2), wirkt die dritte Gestaltungsvariante, das strategische PPX-Geschäftsmodell, auf die Schaffung eigenständiger rechtlicher Einheiten und damit auf eine Verbriefung der Aktivitäten: In diesem Sinne verkaufen einzelne oder auch mehrere (Maschinen-)Hersteller ihre Maschinen gegen Kaufpreiszahlung an eine Zweckgesellschaft (ein sog. „Special Purpose Vehicle" (SPV)), die wiederum durch verschiedene Eigenkapitalgeber getragen wird. Das SPV bietet die Maschinen in der Folge interessierten Maschinennutzern (Kunden) zur Nutzung an und tritt selbst als PPX-Vertragspartner auf. Die Maschinennutzer entrichten an das SPV in regelmäßigen Abständen nutzungsbasierte Zahlungen (ggf. in Verbindung mit vereinbarten Mindestzahlungen für einen bestimmten Zeitraum) und übermitteln IIoT-gestützte Nutzerdaten. Die Maschinenhersteller übernehmen weiterhin Wartung und Instandhaltung. Den beteiligten Banken kommt im Rahmen des strategischen PPX-Geschäftsmodells schließlich die klassische Aufgabe eines koordinierenden Finanzintermediärs zu. Sowohl Nutzungs- und Marktrisiken als auch Restwertrisiken werden primär von den Stakeholdern (Hersteller, Banken, Kunden) auf den Kapitalmarkt übertragen. Die nachfolgende Abb. 3.4 fasst die drei identifizierten Gestaltungsvarianten grafisch zusammen.

Insgesamt schätzen die befragten Experten/-innen mehrheitlich eine Ausgestaltung des PPX-Geschäftsmodells als Kredit (Typ 2) mittel- bis langfristig als unattraktiv ein und

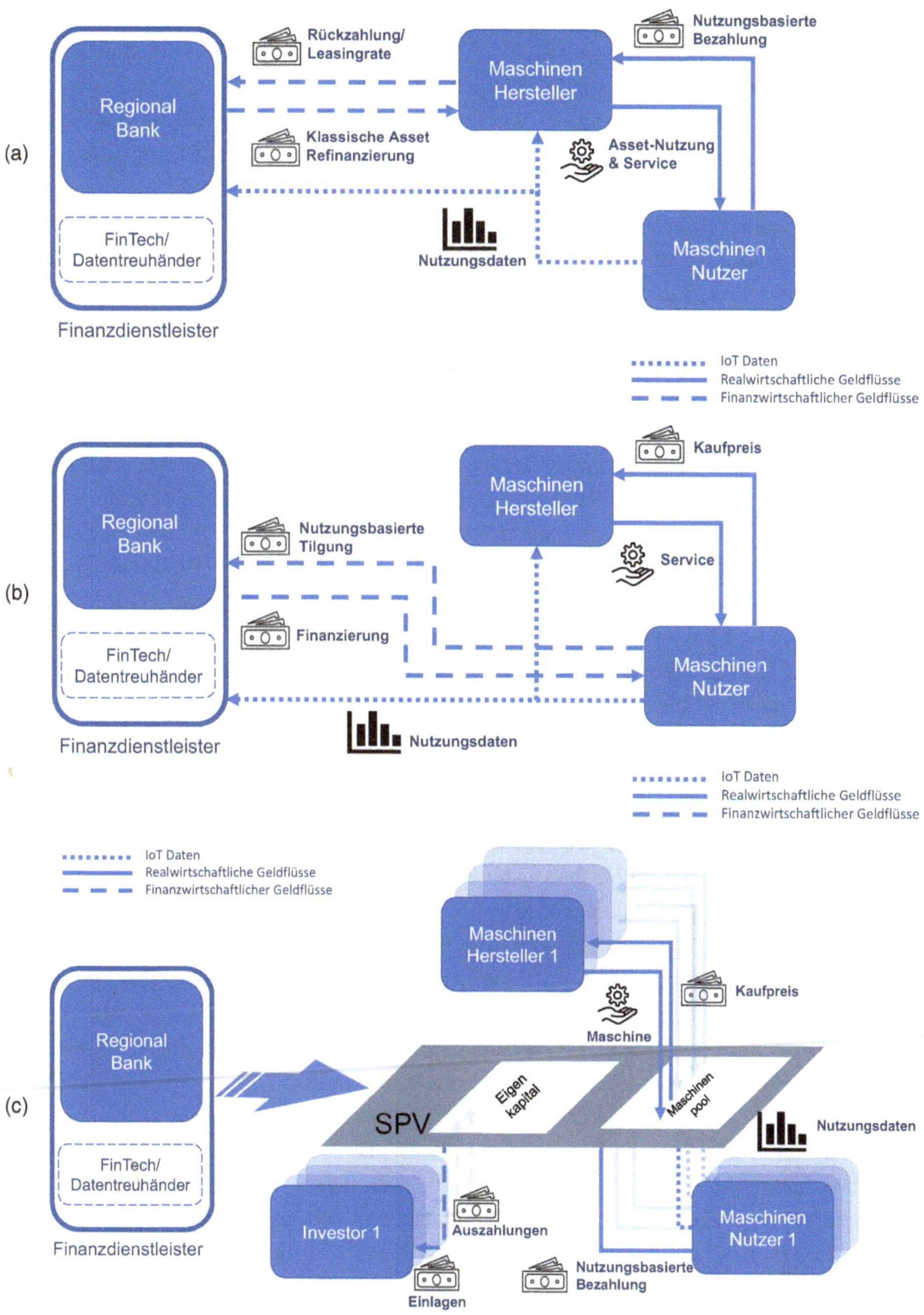

Abb. 3.4 Unterteilung gängiger Gestaltungsvarianten von PPX-Geschäftsmodellen auf Basis des Aktivitätsumfangs der Bank in der Geschäftsmodellinnovation: (a) „Passives" PPX-Geschäftsmodell, (b) „Aktives" PPX-Geschäftsmodell und (c) „Strategisches" PPX-Geschäftsmodell

sind der Auffassung, dass sich eher PPX-Geschäftsmodelle auf Basis von Leasing-Modalitäten (Typ 1) durchsetzen werden. Zwar wäre eine Kapitalmarktlösung mittels Zweckgesellschaften zur Streuung des Nutzungsrisikos ebenfalls eine durchaus attraktive Lösung, jedoch zeichnen sich hierbei Vorbehalte hinsichtlich der Praktikabilität insofern ab, da insbesondere im Maschinenbau eine kritische Masse an Assets (Vermögensgegenständen) vorhanden sein muss, damit derartige Modelle rentabel bleiben. So wäre es zwar denkbar, dass unterschiedliche Hersteller ihre Maschinen in einer einzigen Zweckgesellschaft zusammenführen, dies setzt allerdings hohe Ansprüche hinsichtlich der Standardisierung der Maschinen und der Interoperabilität in Bezug auf Nutzungsdaten und Wartung voraus.

Hinsichtlich der zukünftigen Bedeutung von Banken, insbesondere von Regionalbanken, für die Skalierung derartiger Geschäftsmodelle zeichnet sich auf Basis der Experteneinschätzungen kein klares Bild ab: Zwar weisen die Experten/-innen mehrheitlich darauf hin, dass Maschinenhersteller im Hinblick auf die eigene Bilanzstruktur „Off-balance"-Lösungen präferieren und es damit der Unterstützung durch externe Finanzdienstleister bzw. Finanzinstitute bedarf, sehen momentan in Bezug auf aktive bzw. strategische PPX-Geschäftsmodelle aber zugleich Begrenzungen für (Regional-)Banken: Für die Umsetzung einer aktiven bzw. strategischen Rolle in nutzungsbasierten Vertragskonstruktionen sind die zuvor angesprochenen Veränderungsprozesse – sowohl in technologischer Hinsicht als auch in Bezug auf die Offenheit hinsichtlich anderer Risikoprofile – unabdingbar! Insofern überwiegen in einer Gesamtschau unter den Experten/-innen auch die Vorbehalte, dass insbesondere Regionalbanken diesen Wandel anstoßen werden und perspektivisch derartige Marktsegmente bedienen können. Vielmehr wird Sparkassen und Genossenschaftsbanken eher eine passive Teilhabe an PPX-Geschäftsmodellen des Typs 1 über die jeweiligen Leasingtöchter zugesprochen. Vor dem Hintergrund dieses Befundes verwundert es dann auch nicht, dass nach Meinung einiger Experten/-innen andere Kooperationspartner besser für eine aktive Rolle im Hinblick auf PPX-Konstrukte geeignet sind: An dieser Stelle wird insbesondere die Bedeutung von Versicherungsunternehmen herausgestellt, da diese bereits umfassende Erfahrungen in Bezug auf die globale Skalierung derartiger Geschäftsmodelle aufweisen und als Kapitalsammelstellen selbstverständlich ohnehin ständig nach neuen Investitionsklassen suchen. Besonders relevant im zuvor skizzierten Zusammenhang dürften dabei vor allem sowohl die Expertise von Versicherungen hinsichtlich zielmarktspezifischer Rechtssysteme (z. B. im Kontext von Verbriefungen) als auch im Bereich stärker auf physische „Dinge" ausgerichtete Kompetenzen (wie z. B. Erfahrungen in der Asset-Risikomodellierung) sein. Gleichzeitig scheint in einer solchen Perspektive den „Vor-Ort-Kompetenzen" von regional agierenden Banken unmittelbar keine allzu große Bedeutung beigemessen zu werden.

Regionalbanken können nach Auffassung der Experten/-innen im Kontext der Etablierung nutzungsorientierter PPX-Geschäftsmodelle schließlich aber sehr wohl eine wichtige (Nischen-)Rolle besetzen: Selbst dann, wenn es nicht zu einer umfassenden, aktiven Ausgestaltung (‚pay-per-use', ‚pay-per-performance', ‚pay-per-outcome') von PPX-Geschäftsmodellen durch (Regional-)Banken kommen sollte, so können diese Kreditinstitute nach der Ansicht der Experten/-innen dennoch weiterhin ein wichtiger Teil dieser neuen Wertschöpfungsketten bleiben, wenn im Rahmen der zuvor angesprochenen Veränderungsprozesse die jeweils eigene bankspezifische Expertise konsequent auf Elemente von PPX-Geschäftsmodellen ausgerichtet und fokussiert wird. Im Mittelpunkt stehen hier nach der Meinung der interviewten Experten/-innen zunächst – ggf. adjustierte – Kompetenzen in den Bereichen „Zahlungsverkehr" und „Abrechnung". Weiterhin können (und sollten!) (Regional-)Banken mit spezifischen Kompetenzen in den Bereichen „Künstliche Intelligenz" und „Machine Learning" in enger Kooperation mit Maschinenherstellern datenbasierte Risikomodelle im Sinne eines ‚risk-modelling-as-a-service' entwickeln. Im Hinblick auf eine Skalierung der beschriebenen nutzungsbasierten Geschäftsmodelle legen die Experten/-innen schließlich kleinen bis mittelgroßen (Regional-)Banken die Bildung strategischer Allianzen nahe, wobei die angedachten Lösungen von der Kooperation mit Fintechs über eine – ggf. institutionalisierte – Zusammenarbeit mit anderen Banken „vor Ort" bis hin zur Orchestrierung derartiger Geschäftsmodellinnovationen durch die jeweilige Dachorganisation reichen. Im zuletzt genannten Fall sollten standardisierte Finanzierungskonzepte und erforderliches Technologiewissen durch die jeweils zuständige Spitzeninstitution an die nachgelagerten Ebenen weitergegeben werden, sodass die Einstiegshürden für einen erfolgreichen Einsatz nutzungsbasierter Geschäftsmodelle für kleinere Regionalbanken gesenkt und dadurch neue Marktpotenziale erschlossen werden können.

Ob und inwieweit die (Firmen-)Kundenstruktur der deutschen Regionalbanken eine intensive Beschäftigung mit PPX-Geschäftsmodellen nahelegt und die Banken (Sparkassen und Genossenschaftsbanken) bereits organisationsintern die erforderlichen Voraussetzungen für das Angebot derartiger Finanzinnovationen geschaffen haben, wird im folgenden Kapitel mittels einer Fragebogenstudie ebenso untersucht wie der Status-quo sowie das Zukunftspotenzial von nutzungsbasierten Finanzierungsmodellen aus der Sicht der Entscheidungsträger/-innen in Banken.

Literatur

Dresing, T., & Pehl, T. (2018). *Praxisbuch Interview, Transkription & Analyse Anleitungen und Regelsysteme für qualitativ Forschende* (8. Aufl.). Eigenverlag.

Kaiser, R. (2014). *Qualitative Experteninterviews: Konzeptionelle Grundlagen und praktische Durchführung*. Springer VS.

Kuckartz, U. (2010). *Einführung in die computergestützte Analyse qualitativer Daten* (3. Aufl.). VS Verlag für Sozialwissenschaften.

Kuckartz, U. (2014). *Mixed methods: Methodologie, Forschungsdesigns und Analyseverfahren*. Springer VS.

Mayer, H. O. (2009). *Interview und schriftliche Befragung: Entwicklung, Durchführung und Auswertung* (5. Aufl.). Oldenbourg Wissenschaftsverlag.

Mühlfeld, C., Windolf, P., Lampert, N., & Krüger, H. (1981). Auswertungsprobleme offener Interviews. *Soziale Welt, 32*(3), 325–352.

4 Fragebogenstudie: Stand und Perspektiven von „Pay-per-X"-Geschäftsmodellen in Sparkassen und Genossenschaftsbanken

4.1 Fragebogendesign, Stichprobenauswahl und Deskriptive Statistiken

4.1.1 Fragebogendesign

Die Erkenntnisse aus den geführten vorstrukturierten Interviews mit Experten/-innen im Bereich von PPX-Geschäftsmodellen, die in Kap. 3 der Studie im Detail vorgestellt worden sind, zeichnen in einer Gesamtschau zwar ein homogenes Bild in Bezug auf die als erforderlich erachteten strukturellen und governance-bezogenen Voraussetzungen im Sinne einer prinzipiellen Digitalisierungskompetenz, unterscheiden sich aber durchaus im Hinblick auf die Einschätzungen sowohl zum Marktpotenzial einzelner Produkte und/oder Branchen als auch zum Risiko der neuartigen nutzungsorientierten Geschäftsmodelle. Insofern liegt es für die Befragung der Entscheidungsträger/-innen in Genossenschaftsbanken und Sparkassen und damit für die Konzeption des Fragebogens unmittelbar nahe, die Analyse an den zuvor skizzierten Dimensionen zu orientieren. Konkret folgt daher der Fragebogen folgender Struktur:

In einem ersten Fragenkomplex (**Teil I**) werden allgemeine Strukturmerkmale der befragten Kreditinstitute erhoben, die sich – neben der Rechtsform und der Region des Hauptsitzes (Bundesland) – vor allem auf die Unternehmensgröße (Bilanzsumme, Anzahl der Mitarbeiter/-innen, Anzahl der Kunden) sowie auf die Charakteristika des in der vorliegenden Studie besonders interessierenden Firmenkundengeschäfts (Anzahl der Firmenkunden an der Gesamtzahl der Kunden, Firmenkundencluster nach Branchen, Anteil der Unternehmenskredite am Kreditportfolio) beziehen. Eng verbunden mit dieser Analysedimension sind die Fragen zu den allgemeinen Governance-Merkmalen der Kreditinstitute, die auf die Größe und Zusammensetzung der internen Leitungs- und Kontrollgremien (Vorstand und Aufsichtsrat) und deren Kompetenzgefüge sowie die Entscheidungsstrukturen in

E. Lukas et al., *Smart Finance und IIoT*, https://doi.org/10.1007/978-3-658-45480-7_4

Bezug auf die Digitalisierungsaffinität des Kreditinstituts (Existenz einer/s Digitalisierungsbeauftragten, organisatorische Einbettung, Innovationsbudget) fokussieren. Diese Merkmale werden in **Teil II** des Fragebogens abgebildet.

Die zuvor erfasste Digitalisierungsaffinität von regional agierenden Kreditinstituten steht – wie auch die Interviews mit Experten/-innen klar verdeutlicht haben – im Sinne eines „Structure follows Strategy" (Chandler, 1962) in einem engen Zusammenhang mit der jeweiligen Kundenstruktur bzw. deren Nähe zu Digitalisierungsthemen. Insofern liegt es nahe, über den Fragebogen in einem dritten Themenbereich (**Teil III**) in der Breite die Digitalisierungscharakteristika der Bankkunden der befragten Banken zu erfassen. In diesem Zusammenhang geht es dann z. B. um die branchenbezogene Nachfrage nach Unternehmenskrediten zwecks Ingangsetzung von Digitalisierungsprojekten sowie um den Anteil von Krediten an Firmenkunden, die zwecks Initiierung von Transformationsprozessen im Rahmen der Digitalisierung von Produkten, Produktionsprozessen und Dienstleistungen mittels intelligenter Sensorik (z. B. IIoT) vergeben worden sind. Mit Blick auf die Zukunft dürfte weiterhin interessieren, wie Entscheidungsträger/-innen in Regionalbanken einerseits den (prozentualen) Anteil von Firmenkunden in unterschiedlichen Branchen einschätzen, die mittelfristig (also in den nächsten 5 Jahren) auf intelligenter Sensorik basierende Finanzprodukte bzw. -dienstleistungen nachfragen werden, sowie andererseits vor dem Hintergrund von „Industrie 4.0" das Marktpotenzial verschiedener innovativer Finanzprodukte bzw. -dienstleistungen (sog. „Smart Finance-Lösungen") im Firmenkundengeschäft generell beurteilen. Mit einer solchen Perspektive lassen sich – ausgehend vom konkret erfassbaren Status-quo – zumindest Erwartungen erheben und für Tendenzaussagen nutzen.

Die beiden zuvor beschriebenen Perspektiven von unternehmensseitigen Struktur- und Governance-Variablen sowie von nachfrageseitiger Digitalisierungsaffinität (bzw. die diesbezüglichen Erwartungen) dürften maßgeblich den Kenntnis- und Erfahrungsstand in Bezug auf Digitalisierungsprojekte bzw. PPX-Geschäftsmodelle seitens der befragten Kreditinstitute bestimmen. Nicht zuletzt wird dadurch auch der Blick auf das generelle Potenzial dieser neuen Geschäftsansätze geprägt. Ein derartiger Zusammenhang ist in den strukturierten Interviews regelmäßig seitens der Experten/-innen insofern herausgestellt worden, als Fragen der Digitalisierungsfähigkeit und -kompetenz vornehmlich im Zusammenhang mit strukturellen Charakteristika des anbietenden Kreditinstituts als auch der nachfragenden Firmenkunden adressiert und mit Blick auf Regionalbanken vornehmlich bezüglich potenzieller Begrenzungen („Größeneffekte") thematisiert wurden. Vor diesem Hintergrund geht es in **Teil IV** des entwickelten Fragebogens zunächst um die Frage, ob und inwieweit es (1.) bereits Berührungspunkte mit „innovativen" Geschäftsmodellen (PPX) gab, (2.) über welche Kanäle etwaige Kontakte vermittelt wurden, (3.) in welchem Erprobungszustand sich nutzungsorientierte Vertragsbeziehungen befinden, (4.) wie die Perspektiven gesehen und welche Ziele mit PPX-Ansätzen verfolgt werden, (5.) wie Nachfrageerwartungen seitens der Firmenkunden eingeschätzt werden, (6.) welche Branchen im Mittelpunkt des Interesses der neuen Geschäftsbeziehungen stehen dürften und (7.) welche konkreten ökonomischen Ziele in Bezug auf Ertrags- und Risikoerwartungen bankseitig mit einem Engagement im PPX-Bereich verfolgt werden.

In den Experteninterviews waren es schließlich genau die zuvor erwähnten Ertrags- und Risikoerwartungen von PPX-Geschäftsmodellen, die von allen Experten/-innen stark betont und als wesentliches Motiv bzw. schlussendlich als zentraler „Treiber“ für die Durchdringung des Marktes mit nutzungsorientierten Geschäftsmodellen in Zeiten zunehmender Digitalisierung herausgestellt wurden. Während die (Geschäfts-)Potenziale durchgängig sowohl für Hersteller als auch die finanzierenden Kreditinstitute überaus positiv eingeschätzt wurden, war die Risikoeinschätzung in einer Gesamtschau insofern heterogen(er), als die originären ökonomischen Risiken selbst zwar mitunter unterschiedlich gesehen, schlussendlich aber angesichts spezifischer vertraglicher Ausgestaltungsmöglichkeiten stets als beherrschbar bzw. vernachlässigbar betrachtet wurden. Für die Ermittlung eines zuverlässigen Bildes, ob und inwieweit die Entscheidungsträger/-innen von Regionalbanken diese Sichtweise teilen oder sich im Vergleich zu den Experten/-innen nennenswerte Unterschiede in der Risikoeinschätzung zeigen, wird in **Teil V** des Fragebogens im Zusammenhang mit den vermeintlichen Chancen von PPX-Geschäftsmodellen erhoben. Nach einer zunächst generellen Frage zu den bedeutsamsten limitierenden Faktoren für Regionalbanken bei der Umsetzung bzw. Begleitung von PPX-Geschäftsmodellen basiert die Analyse der Chancen und Risiken auf unterschiedlichen Ausgestaltungsformen nutzungsorientierter Geschäftsmodelle, die in der einschlägigen Literatur – teilweise in (impliziter) konzeptioneller Anlehnung an gängige Leasingformen – sowohl hinsichtlich der gewählten Bezeichnungen als auch in Bezug auf die Darstellung der (Vertrags-)Beziehungen zwischen den (relevanten) Akteuren durchaus unterschiedlich dargestellt und interpretiert werden. In einer zusammenfassenden Würdigung lassen sich die diskutierten Typisierungen aber – wie auch im Rahmen der Experteninterviews herausgearbeitet (Kap. 3) – auf drei standardmäßige (Arche-)Typen zurückführen. Diese Ausprägungen sind in der vorliegenden Befragung – ebenfalls in Übereinstimmung mit Kap. 3 – als „Passives PPX-Geschäftsmodell“, „Aktives PPX-Geschäftsmodell“ und als „Strategisches PPX-Geschäftsmodell“ eingeführt worden. Die Systematisierung erlaubt aufgrund ihrer klaren Struktur Fragen sowohl zu Standardisierungsmöglichkeiten und generellen ökonomischen Erwägungen in Bezug auf die Umsetzbarkeit der Modelle aus Bankensicht wie auch eine Erhebung der Einschätzung der Risikopositionen der beteiligten Akteure. Der Teil V schließt mit einer Einschätzung der Zukunftsperspektiven nutzungsdatenbasierter Geschäftsmodelle.

Insgesamt deckt der Fragebogen demnach folgende Themenbereiche ab, die mit einer jeweils unterschiedlichen Anzahl von Fragen sowie teilweise mehreren Unterfragen erhoben worden sind und in der Konsequenz eine detaillierte Einschätzung von PPX-Geschäftsmodellen erlauben:

Teil I: Allgemeine Strukturmerkmale von Sparkassen und Genossenschaftsbanken (9 Hauptfragen)

Teil II: Allgemeine Governance-Merkmale von Sparkassen und Genossenschaftsbanken (7 Hauptfragen)

Teil III: Digitalisierungscharakteristika der Bankkunden der befragten Sparkassen und Genossenschaftsbanken (4 Hauptfragen)

Teil IV: Kenntnis- und Erfahrungsstand über sowie Potenzialeinschätzung von PPX-Geschäftsmodellen von Sparkassen und Genossenschaftsbanken (7 Hauptfragen)
Teil V: Chancen, Risiken und Zukunftsperspektiven ausgewählter PPX-Geschäftsmodelle aus der Sicht von Sparkassen und Genossenschaftsbanken (13 Hauptfragen)

Das in der Struktur des Fragebogens zum Ausdruck kommende Analysekonzept ist schließlich vor dem Versand des Fragebogens mit jeweils drei Vorstandsmitgliedern im Zuge eines Pretests hinsichtlich Verständlichkeit und Klarheit diskutiert worden und im Anschluss in die finale Fassung des Fragebogens eingegangen.

4.1.2 Stichprobenauswahl und Rücklaufquoten

Die Befragung der Sparkassen und Genossenschaftsbanken basiert zunächst auf einer Vollerhebung aller einschlägigen Banken in Deutschland, da mit Datum vom 20. September 2022 sowohl die postalischen Kontaktdaten als auch die hinterlegten E-Mail-Accounts und URL-Adressen der Kreditinstitute aus der Datenbank eValueRate der Creditreform Rating AG heruntergeladen wurden. Die sich daraus ergebende Zahl an Regionalbanken wurde mit den analogen Publikationen des Deutschen Sparkassen- und Giroverbands e. V. (DSGV e. V. – Berlin und Bonn) für die Sparkassen sowie des Bundesverbandes der Deutschen Volksbanken und Raiffeisenbanken (BVR – Berlin) für die Genossenschaftsbanken abgeglichen. Sofern in den zuvor genannten Medien nur die zentralen E-Mail-Accounts der zu befragenden Banken angegeben waren, ist durch eine weitergehende Internetrecherche versucht worden, einen E-Mail-Account zu identifizieren, mit dem unmittelbar die Vorstandsebene kontaktiert werden konnte. Bezüglich der postalischen Kontaktaufnahme wurden die Schreiben unmittelbar an den Vorstand der angeschriebenen Bank adressiert.

Basierend auf diesen Vorarbeiten sind am 10. Oktober 2022 die Sparkassen und die Genossenschaftsbanken sowohl auf elektronischem Wege als auch per herkömmlicher Briefpost – und damit etwas zeitversetzt – mit der Bitte um Teilnahme an der Befragung und jeweils unter Bereitstellung eines Einwahllinks zum digital hinterlegten Fragebogen kontaktiert worden. Der digitale Fragebogen wiederum ist mit der SoSci Survey-Software bei identischem Inhalt in den jeweiligen Farbgestaltungen der Dachverbände konzipiert worden, um die Zuordenbarkeit der Umfrage zu erleichtern. Schließlich wurde am 12. Dezember 2022 an die Vorstände aller im Oktober 2022 angeschriebenen Kreditinstitute im Rahmen einer „Nachfassaktion" per traditioneller Briefpost ein Schreiben versandt, in dem einerseits all denjenigen, die sich bereits an der Umfrage beteiligt haben, für die erfolgte Mitwirkung gedankt wurde sowie andererseits diejenigen, deren Beteiligung noch ausstand, nochmals gebeten wurden, den Fragebogen bis zum 16. Januar 2023 (24 Uhr | Ausschlussfrist) zu beantworten.

Zeitgleich zum initialen Versand der Fragebögen an die deutschen Sparkassen und Genossenschaftsbanken sind die Pressestellen der 12 Regionalverbände der Sparkassenorganisation (SVBW, SVB, SV Berlin, HSGV, SGVHT, SVN, OSV, RSGV, SVRP, SV Saar, SGVSH, SV Westfalen-Lippe) mit der Bitte um (pro-)aktive Unterstützung des

Forschungsprojektes gegenüber ihren Mitgliedern angeschrieben worden. Gleiches gilt für die Genossenschaftsorganisation, innerhalb derer folgende Verbände in Bezug auf die Befragung kontaktiert wurden: BVR, DGRV, Genossenschaftsverband Bayern, Baden-Württembergischer Genossenschaftsverband, Genossenschaftsverband – Verband der Regionen, Verband der Sparda-Banken und Genossenschaftsverband Weser-Ems.

Insgesamt sind mit dem skizzierten Vorgehen 369 Sparkassen und 770 Genossenschaftsbanken zur Teilnahme an der Befragung eingeladen worden. Von den angeschriebenen Banken haben 118 Sparkassen und 122 Genossenschaftsbanken den Fragebogen aufgerufen, was einer (Brutto-)Rücklaufquote von 32 % und ca. 15,8 % entspricht. Da nicht alle befragten Banken den Fragebogen vollständig ausgefüllt haben, musste im nächsten Schritt die Stichprobe auf diejenigen Banken beschränkt werden, von denen mindestens 80 % der Fragen beantwortet wurden. Neben den vollständig ausgefüllten Fragebögen (20 Sparkassen und 40 Genossenschaftsbanken) handelt es sich bei diesen lückenhaften Rückmeldungen um Fälle, in denen:

- durch eine beantwortete Folgefrage die Antwort auf die vorhergehende Frage eindeutig ergänzt werden konnte;
- eine fehlende Angabe als „Keine Meinung" erfasst werden konnte;
- eine Mehrfachauswahl ohne ausgewählte Optionen als „Keine Angabe" erfasst werden konnte;
- in einzelnen Fällen die fehlende Größe des Aufsichtsrates, die Anzahl der Mitarbeiter im Aufsichtsrat, Durchschnittsalter des Vorstands oder die Bilanzsumme durch den Median bzw. die von anderen Sparkassen oder Genossenschaftsbanken am häufigsten ausgewählte Kategorie imputiert werden konnte.

Im Zuge der Datenaufbereitung konnten die zuvor beschriebenen Fälle mit mindestens 80 % beantworteter Fragen im skizzierten Sinne vervollständigt werden, sodass die endgültige Stichprobengröße bei N = 91 (35 Sparkassen und 56 Genossenschaftsbanken) liegt (vgl. Tab. 4.1). Die (Netto-)Rücklaufquote beläuft sich damit auf ca. 9,5 % für die Sparkassen und 7,3 % für die Genossenschaftsbanken.

Die realisierte Rücklaufquote liegt im Rahmen vergleichbarer Studien und sollte zumindest ein annähernd repräsentatives Bild der Einschätzung der Entscheidungsträger/-innen von Sparkassen und Genossenschaftsbanken in Bezug auf PPX-Geschäftsmodelle widerspiegeln. In dem Wissen, dass das Konzept der statistischen Repräsentativität selbst viel-

Tab. 4.1 Entwicklung der finalen Stichprobengröße

		Genossenschaftsbanken	Sparkassen	Σ
	Eingeladen zur Teilnahme	770	369	1139
davon	Online-Fragebogen aufgerufen	122	118	240
	(Brutto-)Rücklaufquote	15,8 %	32,0 %	21,1 %
davon	Online-Fragebogen vollständig* ausgefüllt	56	35	91
	(Netto-)Rücklaufquote	7,3 %	9,5 %	8,0 %

*Imputation fehlender Werte bei höchstens 20 % unbeantworteter Fragen

fältigen Problemen unterliegt (vgl. Bortz & Schuster, 2010; Döring & Bortz, 2016) sowie in Befragungen durchaus unterschiedlich verwendet wird, zeigen die nachfolgend vorgestellten deskriptiven Statistiken zur finalen Stichprobe insgesamt eine gute „Mischung". So werden z. B. aus den Befunden sowohl die strukturellen Größenunterschiede zwischen Sparkassen und Genossenschaftsbanken als auch im Zusammenhang mit den Governance-Variablen die aus öffentlichen Statistiken bereits bekannten Unterschiede im Sinne einer Bandbreite alternativer Ausgestaltungen (z. B. im Kontext der Vorstands- und Aufsichtsratsgröße) deutlich. Etwas einschränkend könnte allerdings der Befund zu interpretieren sein, dass die initiale (Brutto-)Rücklaufquote deutlich über der finalen (Netto-)Rücklaufquote liegt, also eine Vielzahl potenzieller Probanden/-innen den Fragebogen nach einer ersten Sichtung nicht ausgefüllt hat. Die Diskrepanz könnte darin begründet sein, dass insbesondere Kreditinstitute, die das abgefragte Thema für die eigenen Aktivitäten als inhaltlich nicht „relevant" betrachtet haben oder sich angesichts einer nur geringen generellen Digitalisierungsaffinität nicht direkt angesprochen fühlten, von einer Beteiligung an der Befragung Abstand genommen haben. Sollte diese Vermutung zutreffen, wäre die Stichprobe insofern etwas verzerrt, als Kreditinstitute mit einer größeren Neigung zu innovativen Digitalisierungsthemen übermäßig stark in der Stichprobe vertreten wären. Unter Beachtung dieser potenziellen Einschränkung dürfte mit der final erreichten Stichprobe aber in jedem Fall eine aussagekräftige Momentaufnahme in deutschen Regionalbanken der Sparkassen- und Genossenschaftsorganisation in Bezug auf PPX-Geschäftsmodelle als innovative Finanzdienstleistung vorliegen. Schließlich sei angemerkt, dass die im Folgenden im Mittelpunkt stehenden Verfahren der deskriptiven Statistik ohne Bedenken für die Aufbereitung der Befunde angewendet werden können.

4.1.3 Deskriptive Statistik: Finale Stichprobe (N = 91)

Die in den Teilen I und II des Fragebogens erhobenen Struktur- und Governance-Merkmale beschreiben allgemeine organisatorische und ökonomische Charakteristika der befragten Kreditinstitute und gewähren als solche einen ersten Einblick in die konkrete Zusammensetzung der finalen Stichprobe.

4.1.3.1 Allgemeine Strukturmerkmale der befragten Kreditinstitute

Mit Blick auf die **regionale Verteilung der Hauptsitze** der befragten Banken nach Bundesländern (vgl. Abb. 4.1) fällt zunächst auf, dass sich sowohl aus Brandenburg als auch aus Hamburg weder eine Sparkasse noch eine Genossenschaftsbank an der Umfrage beteiligt haben. Die weiteren Ausprägungen lassen dann weiterhin deutlich werden, dass vornehmlich Regionalbanken aus den Regionen mit ausgeprägter Industriedichte und potenziell verstärkter Ausrichtung an Unternehmen des Verarbeitenden Gewerbes zu einer Beteiligung an der Umfrage bereit waren. Demnach kamen die meisten Rückmeldungen aus NRW (23 %), gefolgt von Hessen (21 %), Niedersachsen (16 %), Baden-Württemberg (11 %) und Bayern (9 %). Mit Blick auf die Größenverteilung der Kreditinstitute bestätigt sich die Vermutung, dass PPX-Geschäftsmodelle insbesondere für größere Regionalbanken interessant sind.

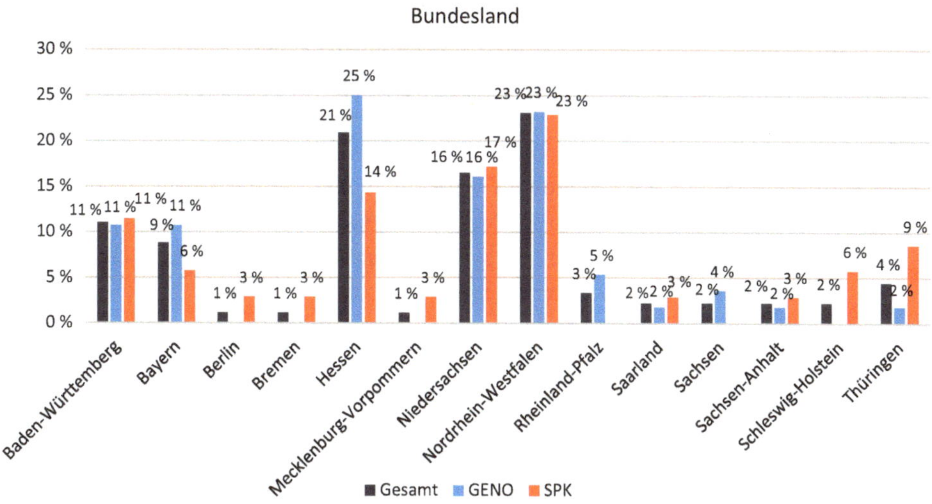

Abb. 4.1 Hauptsitz der Kreditinstitute der Stichprobe nach Bundesländern

Die **Verteilung der Größenklassen nach Bilanzsumme** (vgl. Anlage A.1) zeigt, dass mit 49 % fast die Hälfte der teilnehmenden Kreditinstitute eine Bilanzsumme zwischen 1 bis 5 Mrd. € aufweist. Weitere ca. 24 % der Banken verfügen über eine Bilanzsumme von über 5 Mrd. €, gehören also eher zu den größeren Regionalbanken. Insgesamt haben 73 % der befragten Regionalbanken eine Bilanzsumme größer 1 Mrd. €. Kleine Sparkassen und Genossenschaftsbanken mit Bilanzsummen zwischen 50 Mio. € bis zu 1 Mrd. € machen ca. 26 % der Antworten aus, wobei sich die Teilnahme von kleineren Banken – in Einklang mit der bilanzsummenbasierten Größenverteilung zwischen Sparkassen und Genossenschaftsbanken – ganz überwiegend aus dem Sektor der Genossenschaftsbanken speist.

Wie die Erläuterungen im Grundlagenteil deutlich gemacht haben, werden PPX-Geschäftsmodelle zwar vermehrt im Maschinen- und Anlagenbau diskutiert, die Geschäftsmodellinnovationen sind mittlerweile aber auch in anderen Branchen wie der Medizintechnik und der Landwirtschaft vorzufinden. Für eine Beurteilung des Stellenwertes derartiger Geschäftsmodelle für Kreditinstitute ist es somit entscheidend, welchen **Stellenwert das Firmenkundengeschäft** innerhalb von Regionalbanken einnimmt und welche Branchen im Portfolio dominieren. In einer Gesamtschau scheinen Genossenschaftsbanken in der vorliegenden Studie – unabhängig von ihrer per se größeren Anzahl – stärker im Firmenkundengeschäft engagiert zu sein als die Sparkassen (vgl. Anlage A.2). Das Firmenkundengeschäft macht bei 54 % der befragten Genossenschaftsbanken einen Anteil von 21 % bis 60 % aus. Der Wert der Sparkassen liegt in diesem Segment bei 29 %.

Eine detaillierte Analyse der **Branchenzugehörigkeit der Firmenkunden** macht deutlich, dass lediglich für 9 % der befragten Kreditinstitute das verarbeitende Gewerbe ein zentrales Firmenkundencluster im Firmenkundengeschäft darstellt. Bedeutender scheint für Sparkassen (Genossenschaftsbanken) vielmehr der Bereich Baugewerbe (Landwirtschaft) zu sein. Die Branche „Verarbeitendes Gewerbe" liegt hinsichtlich ihrer Bedeutung eher im Mittelfeld, d. h. 42 % der Befragten sind der Ansicht, dass es sich bei dieser

Branche um ein Firmenkundencluster mit mittlerer Bedeutung für ihr Kreditinstitut handelt. Es sei an dieser Stelle angemerkt, dass die Einschätzungen von Vertreter/-innen der Sparkassen und der Genossenschaftsbanken bezogen auf die Bedeutung dieser Branche nahezu identisch sind.

Die Befunde der Umfrage zum **Anteil der Firmenkredite an dem insgesamt von einer Bank vergebenen Kreditvolumen** verdeutlichen die große Relevanz dieses Geschäftssegments für Regionalbanken in Deutschland (vgl. Abb. 4.2). So machen Unternehmenskredite in jeweils 46 % der befragten Sparkassen und Genossenschaftsbanken zwischen 41 % und 60 % am gesamten Kreditvolumen aus. In weiteren 19 % der Institute (Genossenschaftsbanken: 21 % | Sparkassen: 14 %) beträgt der Anteil gar zwischen 61 % und 80 %. In 4 % der Banken der Stichprobe beläuft sich der Anteil der Firmenkundenkredite sogar auf mindestens 81 %, was eine Interpretation dieser Häuser als „Spezialbanken" nahelegt. In jedem Fall wird aber deutlich, dass für Regionalbanken der Geschäftszweig des Firmenkundengeschäfts als übermäßig bedeutsam angesehen werden muss und infolgedessen die Erschließung neuer innovativer Geschäftsmodelle mit Möglichkeiten zur Steigerung der Zinsmarge immer eine Option sein sollte.

4.1.3.2 Allgemeine und innovationsrelevante Governance-Charakteristika

Für die Adaption innovativer Geschäftsmodelle, die einerseits neue Geschäftsfelder erschließen können, andererseits aber oftmals auch organisationsinterne Veränderungs- und Anpassungsprozesse erfordern, ist eine konzeptionell offene interne „Governance-Struktur" unabdingbar. Ob und inwieweit ein solches innovationsfreundliches Klima in den befragten Sparkassen und Genossenschaftsbanken zumindest die prinzipiellen Voraussetzungen für die Erschließung von PPX-Geschäftsmodellen schaffen kann, wird nachfolgend anhand ausgewählter Variablen untersucht, die sich (1.) auf die Charakteristika der Leitungs- und Kontrollgremien beziehen, auf (2.) die Innovationskompetenz als „Zustimmungsvorbehalt" eingehen sowie (3.) die Art und Weise der organisatorischen Einbettung der Digitalisierung innerhalb des Kreditinstituts umfassen.

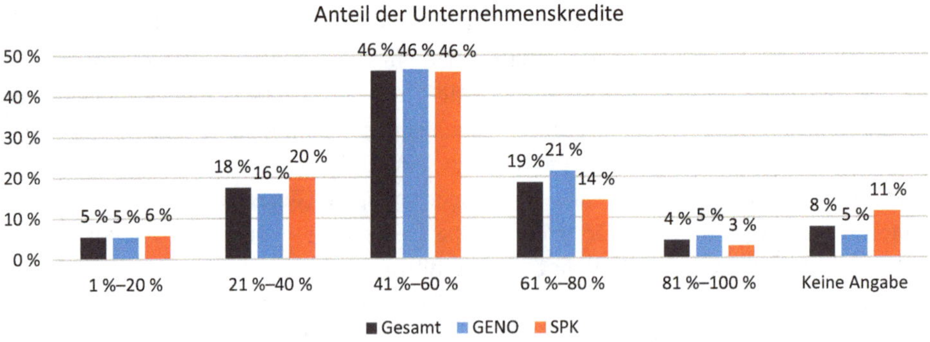

Abb. 4.2 Anteil an Unternehmenskrediten am Kreditportfolio bei den Kreditinstituten der Stichprobe

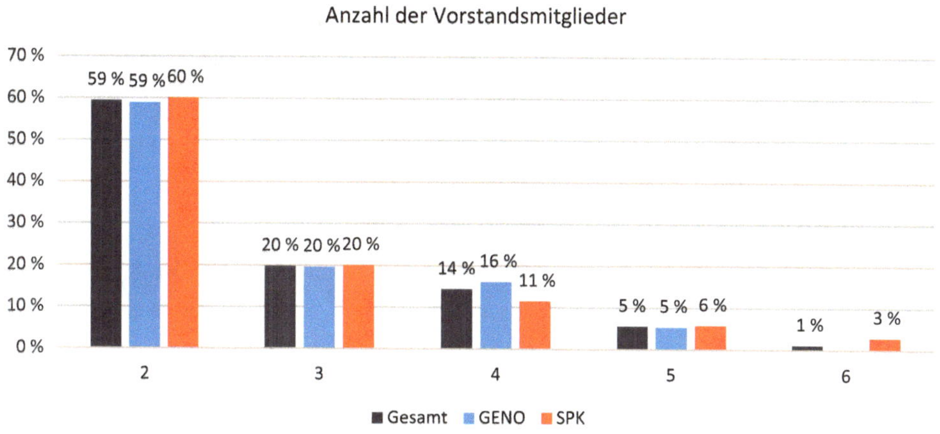

Abb. 4.3 Anzahl der Mitglieder des Leitungsgremiums (Vorstand) bei den Kreditinstituten der Stichprobe

Die Experteninterviews deuten darauf hin, dass ein Top-Down-Ansatz förderlich für die Implementierung von PPX-Geschäftsmodellen in Regionalbanken sein sollte. Inwieweit ein solcher Ansatz praktikabel ist, dürfte zunächst maßgeblich von den **Charakteristika der Leitungs- und Kontrollgremien** abhängen. Die Befunde zur Anzahl der Vorstandsmitglieder in den befragten Regionalbanken (vgl. Abb. 4.3) zeigen bezüglich der Vorstandsgröße eine klare Präferenz für kleine Leitungsgremien: In 60 % der Sparkassen und 59 % der Genossenschaftsbanken besteht der Vorstand aus lediglich zwei Mitgliedern. Im Gegensatz zur tendenziell kompakten Vorstandsgröße bei den teilnehmenden Kreditinstituten scheint in den untersuchten Bankensektoren allerdings eine ausgeprägte Präferenz für eher große Aufsichtsgremien vorzuherrschen. In der Gesamtschau scheinen die Aufsichtsräte von genossenschaftlich organisierten Banken tendenziell kleiner (∅10 Mitglieder) zu sein als die Überwachungsgremien bei Sparkassen (∅15 Mitglieder).

Die beiden zuvor diskutierten eigenständigen Entscheidungs- und Kontrollgremien sind im Rahmen der Beratungsfunktion des Aufsichtsrates systematisch über sog. **Zustimmungsvorbehalte** miteinander verbunden. Konkret bedeutet dies, dass in der Geschäftsordnung des Aufsichtsrates (oder der Satzung) ein Katalog (strategisch-)bedeutender „Geschäfte" (= Maßnahmen) festgelegt wird, über die der Vorstand vor der finalen Entscheidungsfindung die Zustimmung des Kontrollgremiums einholen muss. Wird die Adaption neuartiger nutzungsorientierter PPX-Geschäftsmodelle, die nach Voraussetzung entweder klassische Firmenkundenbeziehungen verändern oder sie maßgeblich erweitern können, als eine derart weitreichende Innovation im Sinne einer strategischen Maßnahme verstanden, werden potenzielle Zustimmungsvorhalte in Kreditinstituten bedeutsam. Sie deuten zugleich darauf hin, welchen Stellenwert das betroffene Unternehmen dem Innovationsbereich beimisst. Die empirischen Befunde der Umfrage zeichnen bezüglich der Notwendigkeit einer Zustimmung des Aufsichtsrates zu Innovationsentscheidungen ein klares Bild (vgl. Abb. 4.4): In zwei Dritteln der befragten Kreditinstitute

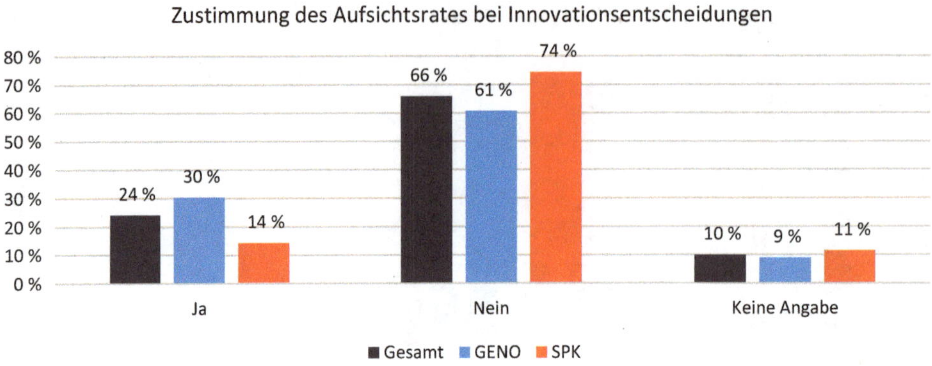

Abb. 4.4 Zustimmungsvorbehalte für Innovationsentscheidungen bei den Kreditinstituten der Stichprobe

wird der Aufsichtsrat in die Entscheidungsfindung über Innovationen nicht involviert. Für Genossenschaftsbanken liegt der Wert bei 61 % und für Sparkassen sogar bei 74 %.

Die Möglichkeit, gerade für radikale Produkt- bzw. Geschäftsmodellinnovationen auf internes Wagniskapital zurückgreifen zu können, scheint jedoch ein limitierender Faktor zu sein. Lediglich 21 % der befragten Regionalbanken (Genossenschaftsbanken: 20 % | Sparkassen: 23 %) sehen einen solchen internen „Wagnisfonds" für Innovationen vor (vgl. Anlage A.3). Mehr als jede zweite befragte Regionalbank unterstützt demnach interne Innovationen nicht mittels expliziter zweckgebundener Budgets.

Wie aus dem grundlegenden Kap. 2 deutlich wurde, entstehen nutzungsdatenbasierte PPX-Geschäftsmodelle durch die Verknüpfung der physischen mit einer digitalen Welt. Insofern bedarf es zum einen eines gewissen Verständnisses hinsichtlich der unterschiedlichen Facetten des Phänomens ‚Digitalisierung', zum anderen sollte aber vor dem Hintergrund der strategischen Bedeutung des Themas für das Geschäftsmodell von Banken im Allgemeinen sowie der serviceorientierten PPX-Vertragsmodelle im Besonderen die **Position eines Digitalisierungsbeauftragten** idealerweise möglichst hoch in der betrieblichen Hierarchie angesiedelt sein. In knapp zwei Dritteln der befragten Kreditinstitute gibt es demnach auch eine/n Digitalisierungsbeauftragte/n (vgl. Abb. 4.5), wobei die Werte von Genossenschaftsbanken und Sparkassen sehr nahe beieinander liegen. Allerdings wird deutlich, dass in lediglich 15 % der befragten Kreditinstitute (Genossenschaftsbanken: 19 % | Sparkassen: 9 %) die Verantwortung für die Digitalisierung als Geschäftsführungs-/Vorstandsaufgabe verstanden wird. In der Mehrzahl der Fälle sind die Zuständigkeiten für die Digitalisierung auf der Ebene der „Bereichsleitung" (Genossenschaftsbaken: 38 % | Sparkassen: 5 %) angesiedelt, gefolgt von 22 % auf der Ebene der „Abteilungsleitung" (Genossenschaftsbanken: 19 % | Sparkassen: 27 %). Interessant ist, dass im Durchschnitt 27 % der befragten Kreditinstitute eine Verortung der Zuständigkeit für Digitalisierungsfragen im Rahmen einer „sonstigen organisatorischen Einbettung" angegeben haben. Obwohl diese per se recht offene Antwortkategorie selbstverständlich unterschiedlichste Einbettungen erfassen kann (und soll), liegt zumindest insofern eine Übertragung auf externe Stellen nahe, als sowohl die

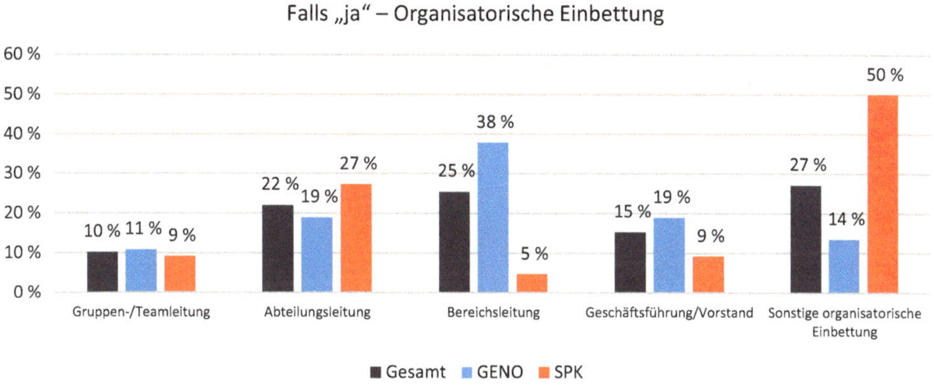

Abb. 4.5 Organisatorische Einbettung von Digitalisierungsbeauftragten bei den Kreditinstituten der Stichprobe

Sparkassenorganisation als auch die genossenschaftliche Finanzgruppe jeweils über zentrale Digitalisierungsdienstleister verfügen. Sollten sich die Antworten der befragten Kreditinstitute in dieser Antwortkategorie primär auf diese Möglichkeit beziehen, würden 50 % der Sparkassen auf diese zentralen Serviceangebote setzen, wohingegen lediglich 14 % der Genossenschaftsbanken auf eine solche Lösung bauen.

4.2 Empirische Befunde: „Pay-per-X"-Geschäftsmodelle in Sparkassen und Genossenschaftsbanken

4.2.1 Digitalisierungscharakteristika von Bankkunden

Die zuvor anhand ausgewählter Kennzahlen erfassten (Governance-)Strukturen von regional agierenden Kreditinstituten stehen in einem engen Zusammenhang mit der jeweiligen Kundenstruktur der befragten Banken bzw. deren Nähe zu Digitalisierungsthemen. Vor diesem Hintergrund beginnt die Befragung zu den PPX-Geschäftsmodellen mit einer Erhebung der aktuellen und perspektivischen Relevanz von Digitalisierungsthemen seitens der nachfragenden Firmenkunden.

Zur Erfassung des Digitalisierungsbedarfs seitens der Firmenkunden der befragten Regionalbanken sind die Entscheidungsträger/-innen der Banken zum einen aufgefordert worden, auf Basis einer ausdifferenzierten Liste die Branchen zu benennen, in denen in der Vergangenheit Unternehmenskredite zwecks Initiierung von Digitalisierungsprojekten nachgefragt wurden. Zum anderen sollte eine Einschätzung über die relativen Anteile der Kredite für Digitalisierungsprojekte („IIoT") am Gesamtkreditportfolio der Firmenkunden abgegeben werden. Erwartungsgemäß zeigt sich (vgl. Anlage A.4), dass die Nachfrage nach Digitalisierungskrediten aus der Branche „Verarbeitendes Gewerbe" besonders groß ist, wobei sich die größte Nachfrage mit durchschnittlich 58 % sowohl bei Sparkassen

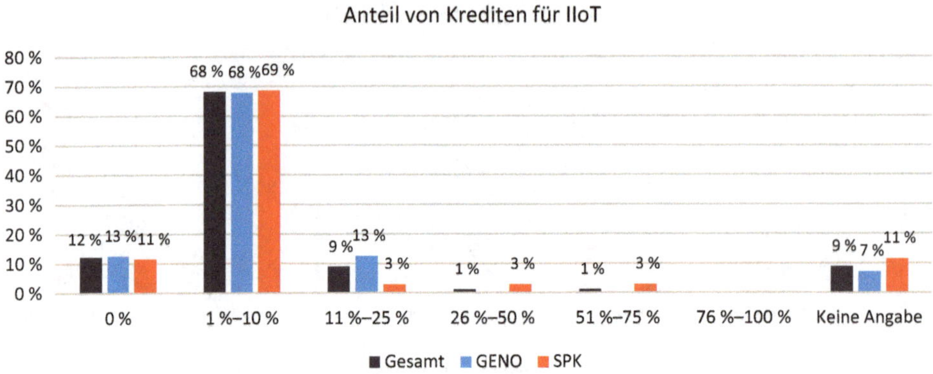

Abb. 4.6 Anteil an Krediten für Digitalisierungsprojekte („IIoT") am Kreditportfolio der Firmenkunden bei den Kreditinstituten der Stichprobe

(63 %) als auch bei Genossenschaftsbanken (55 %) im Sektor des „Maschinen- und Anlagebaus" ausmachen lässt. In der Gesamtschau zeigt sich darüber hinaus, dass die Bedeutung von Firmenkrediten für Digitalisierungsprojekte in deutschen Regionalbanken jedoch bisher eher als nachrangig zu interpretieren ist. In durchschnittlich 68 % (Genossenschaftsbanken: 68 % | Sparkassen: 69 %) der befragten Kreditinstitute beträgt der Anteil derartiger Kredite zwischen 1 % und 10 % (vgl. Abb. 4.6).

Nach der Erhebung und Auswertung des Status-quo in den Kreditinstituten der Stichprobe wird mit der nächsten Frage der Blick in die Zukunft gelenkt. Die befragten Entscheidungsträger/-innen wurden im Sinne einer Experteneinschätzung gebeten, den prozentualen Anteil der Firmenkunden aus einzelnen Branchen zu schätzen, die in den nächsten fünf Jahren auf intelligenter Sensorik („IIoT") basierende Finanzprodukte bzw. -dienstleistungen nachfragen werden. Sofern die Befragten eine Einschätzung zum Anteil der Firmenkundenkredite für Digitalisierungsprojekte abgegeben haben, wird mit einer Übereinstimmung zwischen 27 % und 35 % insbesondere in der Branche „Verarbeitendes Gewerbe" dominant ein prozentualer Anteil von 0 % bis 25 % prognostiziert. Ähnlich verhält es sich in der Branche der „Erbringung von Dienstleistungen im IT- und Software-Bereich". Für diesen Bereich prognostizieren im Schnitt 29 % der Befragten einen prozentualen Anteil der Firmenkundenkredite für Digitalisierungsprojekte von vornehmlich 0 % bis 25 % (vgl. Abb. 4.7).

Schließlich wurde der Fragenkomplex zu den Charakteristika der Bankkunden und ihrem (perspektivischen) Verhalten im Kontext der Digitalisierung durch eine abschließende prognoseorientierte Frage zur möglichen künftigen Relevanz bestimmter Produkte und Dienstleistungen abgerundet. Konkret sollten die Vertreter/-innen der befragten Banken eine Einschätzung dazu abgeben, wie sie vor dem Hintergrund von Digitalisierung und „Industrie 4.0" das Marktpotenzial bestimmter aufgeführter innovativer Finanzprodukte bzw. -dienstleistungen („Smart Finance"-Lösungen) im Firmenkundengeschäft einschätzen. Die aufbereiteten Antworten sind in Abb. 4.8 enthalten.

		Antworten in Prozent				
	Branche	0-25 %	26-50 %	51-75 %	76-100 %	Keine Meinung
A	Verarbeitendes Gewerbe (Maschinen-/Anlagenbau)	32 %	24 %	15 %	4 %	24 %
B	Verarbeitendes Gewerbe (Automobilbau)	27 %	11 %	10 %	5 %	46 %
C	Verarbeitendes Gewerbe (Pharmazeutische Industrie)	30 %	9 %	10 %	3 %	48 %
D	Verarbeitendes Gewerbe (Medizintechnik)	34 %	9 %	11 %	3 %	43 %
E	Verarbeitendes Gewerbe (Sonstiges)	35 %	25 %	10 %	3 %	26 %
F	Erbringung von Dienstleistungen (IT/Software)	29 %	19 %	16 %	11 %	25 %

Abb. 4.7 Schätzungen des prozentualen Anteils der Firmenkunden aus einzelnen Branchen, die in den nächsten fünf Jahren auf intelligenter Sensorik („IIoT") basierende Finanzprodukte bzw. -dienstleistungen nachfragen werden

Die befragten Entscheidungsträger/-innen in deutschen Regionalbanken sehen im Bereich innovativer Finanzprodukte und -dienstleistungen, insbesondere in den Gebieten der datenbasierten Kreditwürdigkeitsprüfung und -vergabe sowie im Bereich der Smart Payment-Lösungen („B2B"), mehrheitlich ein zu erwartendes überdurchschnittliches Marktpotenzial. Eine etwas geringer eingeschätzte künftige Bedeutung messen die befragten Experten/-innen hingegen den Bereichen (1.) „Nutzungsbasierte Miet- bzw. Leasingobjekte" sowie (2.) „Nutzungsbasierte Absatz-/Anlagenfinanzierung" bei, die die wesentlichen Anwendungsfelder der in der vorliegenden Studie im Mittelpunkt stehenden PPX-Geschäftsmodelle darstellen. Bezüglich dieser Finanzprodukte bzw. -dienstleistungen schätzen 40 % der befragten Experten/-innen das Marktpotenzial für die Kate-

	Finanzprodukt/ -dienstleistung	Antworten in Prozent					Keine Meinung
		Gering	←	Mittlere Relevanz	→	Sehr Hoch	
A	Datenbasierte Kreditwürdigkeitsprüfung und -vergabe		3 %	15 %	57 %	22 %	2 %
B	Smart Collateral Management	7 %	19 %	24 %	15 %	3 %	32 %
C	Digitale Verbriefung („Tokenization")	13 %	26 %	27 %	11 %	5 %	16 %
D	Smart Payment-Lösungen („B2B")	1 %	3 %	21 %	55 %	16 %	3 %
E	Nutzungsbasierte Absatz-/ Anlagenfinanzierung	2 %	13 %	36 %	36 %	4 %	8 %
F	Nutzungsbasierte Miet- bzw. Leasingprodukte		11 %	40 %	37 %	4 %	8 %
G	Versicherungsprodukte auf Basis von „Predictive Maintenance"	5 %	20 %	29 %	31 %	4 %	11 %

Abb. 4.8 Einschätzungen zum Marktpotenzial bestimmter innovativer Finanzprodukte und -dienstleistungen („Smart Finance"-Lösungen) im Firmenkundengeschäft

gorie „Nutzungsbasierte Miet- bzw. Leasingobjekte" im mittleren Bereich ein, wohingegen 37 % von einer stärkeren Relevanz ausgehen. Eine unterdurchschnittliche Bedeutung dieser Services wird hingegen nur von insgesamt 11 % der befragten Kreditinstitute angeführt. Für „Nutzungsbasierte Absatz-/Anlagenfinanzierung" sind die Einschätzungen zwar etwas niedriger, allerdings strukturell sehr ähnlich: Jeweils 36 % der Befragten sehen zukünftig sowohl eine mittlere Bedeutung als auch eine überdurchschnittliche Relevanz, insgesamt 15 % vermuten eine unterdurchschnittliche oder geringe Bedeutung. Ein gegenüber den beiden zuvor diskutierten Anwendungen wiederum etwas geringeres Marktpotenzial messen die befragten Kreditinstitute dann aber Versicherungsprodukten mit „Predictive Maintenance" zu. Obwohl immerhin noch 31 % der Vertreter/-innen von Regionalbanken für diese Produkte und Dienstleistungen ein überdurchschnittliches Marktpotenzial als wahrscheinlich betrachten, gehen 29 % nur von einer mittleren Bedeutung und insgesamt 25 % von einem unterdurchschnittlichen oder geringen Potenzial aus. Auffällig sind schließlich die Marktpotenzialeinschätzungen in Bezug auf die Bereiche „Smart Collateral Management" und „Digitale Verbriefung („Tokenization")", deren Potenziale in den nächsten 5 Jahren von den Befragten mehrheitlich im mittleren und unterdurchschnittlichen Bereich eingeschätzt werden.

4.2.2 Kenntnis-/Erfahrungsstand sowie Potenziale von nutzungsbasierten Finanzierungsprodukten

Die unternehmensseitigen Struktur- und Governance-Variablen sowie die vornehmlich nachfrageseitigen Digitalisierungscharakteristika (bzw. die diesbezüglichen Erwartungen) sollten den Kenntnis- und Erfahrungsstand in Bezug auf Digitalisierungsprojekte bzw. PPX-Geschäftsmodelle seitens der befragten Kreditinstitute maßgeblich bestimmen und nicht zuletzt auch den Blick auf das generelle Potenzial dieser neuen Geschäftsansätze prägen. Vor diesem Hintergrund wurden in Teil IV des Fragebogens die Entscheidungsträger/-innen der Kreditinstitute der Stichprobe zunächst danach befragt, ob sie in der Vergangenheit in ihrem bankbetrieblichen Arbeitsumfeld bereits konkrete Berührungspunkte mit PPX-Geschäftsmodellen hatten. Die Befunde zu dieser Frage sind in der folgenden Abb. 4.9 aufbereitet. Von den befragten Banken hatten demnach 40 % (Genossenschaftsbanken: 46 % | Sparkassen: 29 %) bereits Berührungspunkte/Erfahrung mit nutzungsorientierten Geschäftsmodellen, wohingegen dies für 59 % der Institute nicht zutrifft (Genossenschaftsbanken: 52 % | Sparkassen: 71 %). Insgesamt muss an dieser Stelle deshalb konstatiert werden, dass der Wissensstand als „durchwachsen" einzuschätzen ist und – erstaunlicherweise – insbesondere Sparkassen bisher wenig Berührungspunkte mit der zur Diskussion stehenden Finanzinnovation aufweisen.

Für diejenigen Probanden/-innen, die bereits mit PPX-Geschäftsmodellen konfrontiert wurden, interessiert weiterhin, worin diese Berührungspunkte bestanden. In Abb. 4.10 sind potenzielle Berührungspunkte aufgelistet, wobei Mehrfachnennungen seitens der Befragten möglich waren. Eine sehr bedeutende Kontakt- und Informationsquelle für die befragten Kreditinstitute im Hinblick auf PPX-Geschäftsmodelle scheinen Beiträge in der

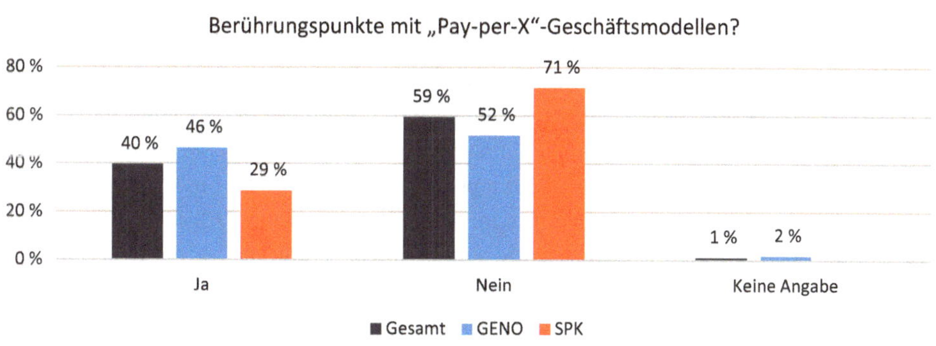

Abb. 4.9 Existenz von Berührungspunkten mit PPX-Geschäftsmodellen bei den Kreditinstituten der Stichprobe

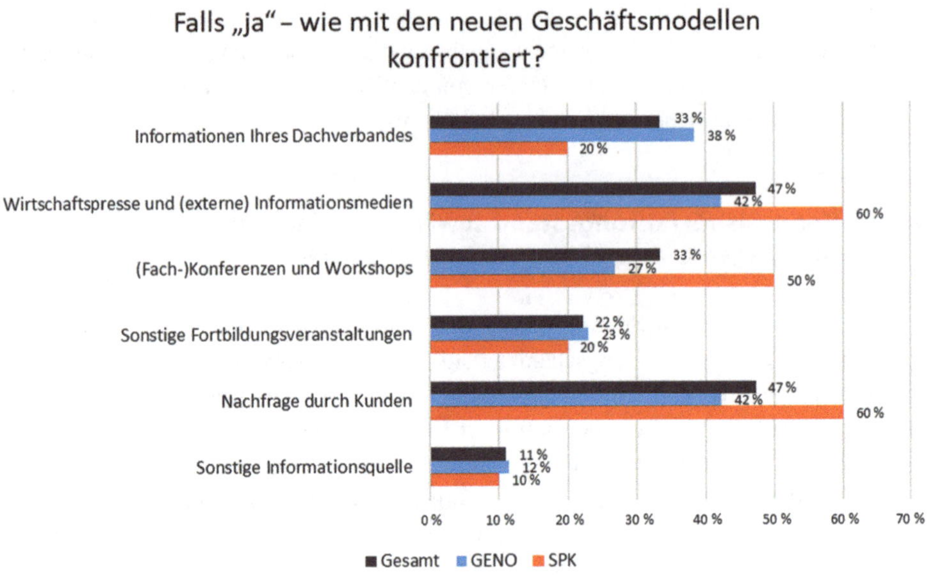

Abb. 4.10 Relevanz konkreter Berührungspunkte mit PPX-Geschäftsmodellen bei den Kreditinstituten der Stichprobe

Wirtschaftspresse sowie sonstigen externen Informationsmedien zu sein. Mit insgesamt 47 % Zustimmung (Genossenschaftsbanken: 42 % | Sparkassen: 60 %) nimmt diese Art der Informationsversorgung zusammen mit der Nachfrage durch Kunden (insgesamt 47 % mit Genossenschaftsbanken 42 % und Sparkassen 60 %) den vordersten Platz ein. Wichtig sind weiterhin Informationen aus den jeweiligen Dachverbänden (33 %), wobei hier die Genossenschaftsbanken (38 %) offenbar die verbandsseitigen Informationen über aktuelle Trends stärker nutzen als die Sparkassen (20 %). Ferner scheinen „(Fach-)Konferenzen und Workshops" (insgesamt 33 % mit Genossenschaftsbanken 27 % und Sparkassen 50 %) sowie „Sonstige Fortbildungsveranstaltungen" (insgesamt 11 % mit Genossenschaftsbanken 12 % und Sparkassen 10 %) den befragten Bankenvertreter/-innen als wichtige Plattformen für den Austausch über aktuelle Entwicklungen zu dienen. Schließlich sticht aber noch die „Nachfrage durch Kunden" als weiterer bedeutender Berührungspunkt heraus: 50 % der „informierten" Banken geben an, durch Kundennachfragen bereits mit PPX-Geschäftsmodellen in Kontakt gekommen zu sein. Im Hinblick auf die beiden einbezogenen Sektoren der deutschen Bankenbranche war dies bei 60 % der Sparkassen und lediglich bei 46 % der Genossenschaftsbanken der Fall.

Wird für den Moment weiterhin die Gruppe derjenigen Probanden/-innen zugrunde gelegt, die bereits Berührungspunkte mit dem nutzungsorientierten PPX-Geschäftsmodell hatten, stellt sich in einem weiteren Schritt schließlich noch unmittelbar die Frage, ob das Wissen um diese innovativen Geschäftsmodelle mit ihren Potenzialen bereits dazu geführt hat, derartige Konstrukte bankseitig anzubieten bzw. mit ausgewählten Firmenkunden zu erproben. Bezüglich dieser prinzipiellen Möglichkeit zeigt sich ein eindeutiges Bild (vgl. Abb. 4.11): Insgesamt 22 % der befragten Kreditinstitute engagieren sich bisher erst in

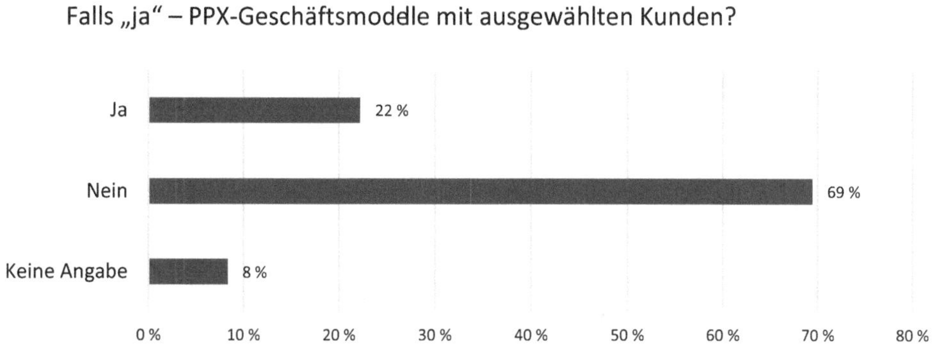

Abb. 4.11 Bankseitige(s) Angebot oder Erprobung von PPX-Geschäftsmodellen seitens der „informierten" Kreditinstitute der Stichprobe

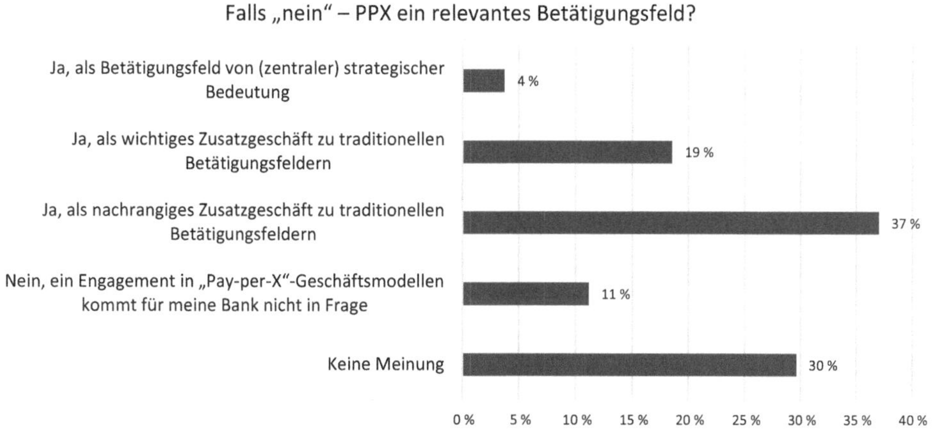

Abb. 4.12 PPX-Geschäftsmodelle als relevantes Betätigungsfeld seitens der „uninformierten" Kreditinstitute der Stichprobe

PPX-basieren Projekten, wohingegen insgesamt 69 % der befragten Kreditinstitute dies explizit nicht tun. Ferner ist auffällig, dass 8 % aller befragten Kreditinstitute zu dieser Frage „Keine Meinung" angeben konnten.

Mit Blick auf die bisher noch bezüglich der PPX-Geschäftsmodelle „uninformierten" Probanden/-innen stellt sich im Sinne einer digitalisierungsbezogenen „Innovationsoffenheit" schließlich die Frage, ob und inwieweit sie sich nutzungsorientierte Geschäftsmodelle perspektivisch als ein relevantes Betätigungsfeld für die eigene Bank vorstellen können. Sollte diese Frage bejaht werden, interessiert weiterhin, welche Bedeutung dem neuen digitalisierungsgetriebenen Geschäftsfeld beigemessen wird. Die Rückmeldungen zu dieser Frage sind in Abb. 4.12 aufbereitet und zeichnen insgesamt ein eher reserviertes Bild im Hinblick auf die Potenziale von PPX-Geschäftsansätzen: So stellen zunächst 11 % der „uninformierten" Befragten klar, dass für sie ein Engagement in PPX-Geschäftsmodellen nicht in Frage kommt. Sofern ein Engagement grundsätzlich bejaht wurde, stellen 37 % der Befragten heraus, dass es sich bei PPX-Vertragskonstellationen lediglich um ein „nachrangiges" Zusatzgeschäft zu traditionellen bankbetrieblichen Geschäftsfeldern handeln könne. Für weitere 19 % könnten die innovativen nutzungsorientierten Finanzdienstleistungen zumindest ein „wichtiges" Zusatzgeschäft zu traditionellen bankbetrieblichen Geschäftsfeldern ausmachen. Als ein zentrales Betätigungsfeld von strategischer Bedeutung betrachten lediglich 4 % der befragten Banken die PPX-Geschäftsmodelle. Auffällig ist schließlich weiterhin, dass insgesamt 30 % der Befragten keine Meinung zu den innovativen nutzungsorientierten Geschäfts- und Finanzierungsmodellen abgeben. Insgesamt lässt sich aber in jedem Fall eine doch eher zurückhaltende Einstellung zu den vermeintlichen neuen digitalisierungsgetriebenen PPX-Ansätzen ausmachen, die wiederum in einem deutlichen Gegensatz zu den in den Experteninterviews geäußerten Auffassungen und Entwicklungslinien stehen.

Die zuvor offengelegte reservierte Haltung von Vertreter/-innen deutscher Regionalbanken gegenüber den in der vorliegenden Studie mit besonderem Schwerpunkt analysierten Finanzinnovationen in Gestalt von nutzungsbasierten Geschäfts- und Finanzierungsmodellen könnte der Grund dafür sein, dass auch der geschätzte Anteil von Firmenkunden, für die der Anteil von PPX-Geschäftsmodellen in den nächsten 5 Jahren relevant sein dürfte, eher zurückhaltend beurteilt wird (vgl. Abb. 4.13). So sehen mehr als die Hälfte (52 %) der Bankenvertreter/-innen den Anteil an potenziell an PPX-Modellen interessierten Firmenkunden gerade einmal im Bereich zwischen 1 % und 10 % der Firmenkunden insgesamt. Insgesamt 2 % der Entscheidungsträger/-innen in Banken sprechen PPX-Modellen für das Firmenkundengeschäft schließlich mit einem Anteil von 0 % am Firmenkundenportfolio sogar jedwede Relevanz im Rahmen künftiger Entwicklungen ab. Weitere 26 % der Befragten sind hingegen deutlich optimistischer und sehen den Anteil im Bereich zwischen 11 % und 25 %. Für insgesamt 7 % bzw. 3 % sind die Potenziale der Finanzinnovationen schließlich so groß, dass sie von einem Anteil zwischen 26 % und 50 % bzw. zwischen 51 % und 75 % ausgehen. Das Cluster für Anteile zwischen 76 % und 100 % bleibt in den Antworten unbesetzt. Wiederum fällt auch bei dieser Frage auf, dass ein Zehntel der befragten Institute keine Angaben machen kann oder will. In der Konsequenz muss für den Moment offenbar (noch) ein gewisses Un-

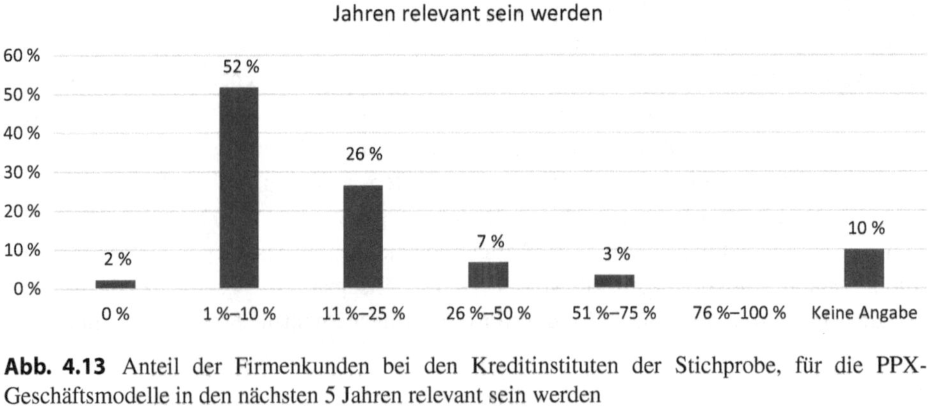

Abb. 4.13 Anteil der Firmenkunden bei den Kreditinstituten der Stichprobe, für die PPX-Geschäftsmodelle in den nächsten 5 Jahren relevant sein werden

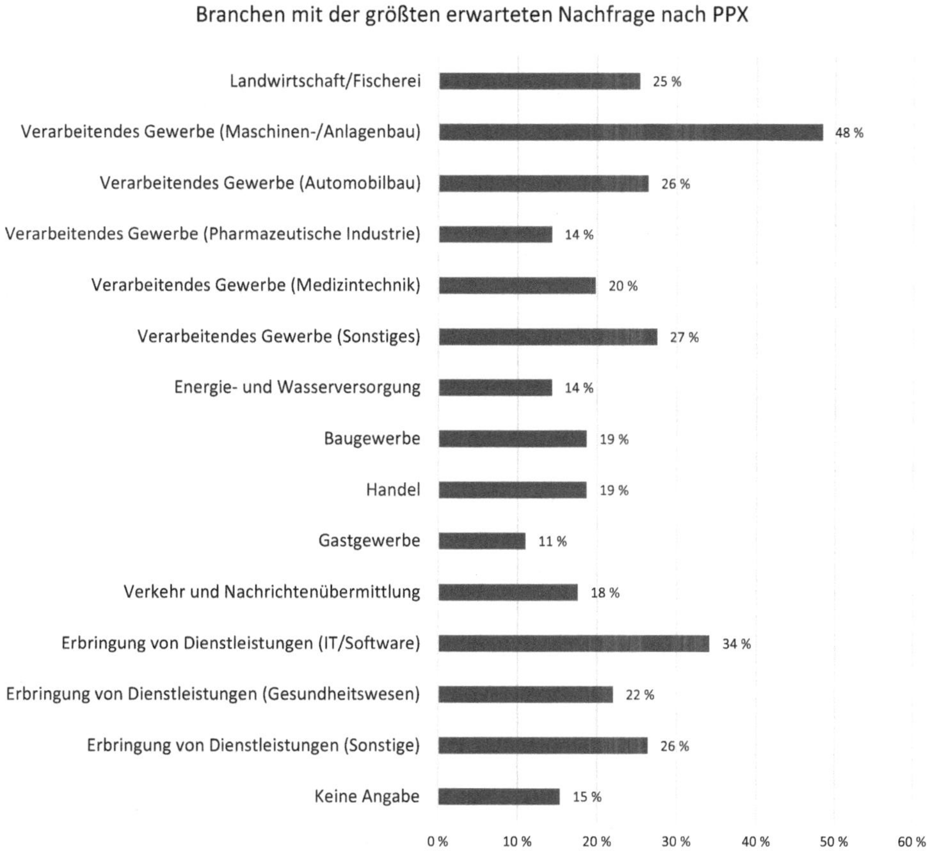

Abb. 4.14 Erwartungen über die Nachfrage nach PPX-Geschäftsmodellen in unterschiedlichen Branchen seitens der Kreditinstitute der Stichprobe

wohlsein mit den digitalisierungsgetriebenen Innovationsmöglichkeiten bei einem nicht unerheblichen Anteil von Regionalbanken in Deutschland konstatiert werden.

Ungeachtet der auch in der zuvor behandelten Frage zum Ausdruck kommenden zurückhaltenden Einstellung der Teilnehmer/-innen an der Befragung in Bezug auf die Bedeutung von PPX-orientierten Finanzierungsansätzen sowohl für die Kreditinstitute selbst als auch für die Firmenkunden, interessiert in einem weiteren Analyseschritt, in welchen Branchen die Bankenexperten/-innen prinzipiell die vornehmlichen Einsatzmöglichkeiten nutzungsorientierter (Finanzierungs-)Verträge sehen. Abb. 4.14 zeigt auf der Basis eines detaillierten Branchenschemas die Erwartungen der befragten Entscheidungsträger/-innen im Hinblick auf eine Nachfrage nach PPX-basierten Vertragsmodellen. Es sei angemerkt, dass auch hier selbstverständlich wieder Mehrfachnennungen möglich waren. Erwartungsgemäß zeigen die Ergebnisse der Befragung eindrucksvoll, dass das „Verarbeitende Gewerbe" in vielerlei Hinsicht ein interessantes Anwendungsgebiet für PPX-Geschäfts- und Finanzierungsmodelle sein muss. Diese eher generelle Einschätzung ist aber insofern weiter auszudifferenzieren, als es vor allem der Sektor „Maschinen- und Anlagenbau" ist, in dem mit insgesamt 48 % knapp die Hälfte der Befragten potenzielle Anwendungsfelder sehen.

Die Sektoren „Automobilbau“ (insgesamt 26 %), „Medizintechnik“ (20 %) und „Pharmazeutische Industrie“ (14 %) fallen demgegenüber schon deutlich ab. Ein hohes Potenzial besitzen PPX-Modelle nach Auffassung der Bankenvertreter/-innen weiterhin im Sektor „IT/Software“ im Rahmen der Erbringung von Dienstleistungen (34 %) sowie – auf den ersten Blick ggf. etwas überraschend, dann aber sehr wohl gut nachvollziehbar z. B. im Bereich von Landmaschinen – in der „Landwirtschaft/Fischerei“ (25 %). Viele weitere Branchen und Sektoren liegen schließlich im Bereich zwischen 14 % und 22 %, sodass auch in diesen Gebieten zumindest partielle Anwendungen durchaus vorstellbar zu sein scheinen. 15 % der befragten Kreditinstitute konnten oder wollten zu der Frage nach der branchenweisen Relevanz von PPX-Modellen wiederum keine Einschätzung abgeben.

Die letzte Frage im Fragenkomplex zum Kenntnis-/Erfahrungsstand sowie zu den Potenzialen von nutzungsbasierten Finanzierungsmodellen nimmt noch einmal die Perspektive einer (potenziell) anbietenden Regionalbank ein und möchte aus dieser Sicht der Frage nach den Beweggründen von Kreditinstituten nachgehen, sich in PPX-Modellen zu engagieren. Konkret geht es also um die Frage, aus welchen – vornehmlich ökonomischen – Motiven PPX-Gestaltungen für einzelne Banken bedeutsam sind (bzw. sein können). Abb. 4.15 erfasst diesbezüglich ein differenziertes Meinungsbild der befragten Institute.

Zunächst fällt bei der Beantwortung der Frage zu den bankseitigen Beweggründen für ein Engagement in PPX-Geschäftsmodellen durch die Vertreter/-innen der deutschen

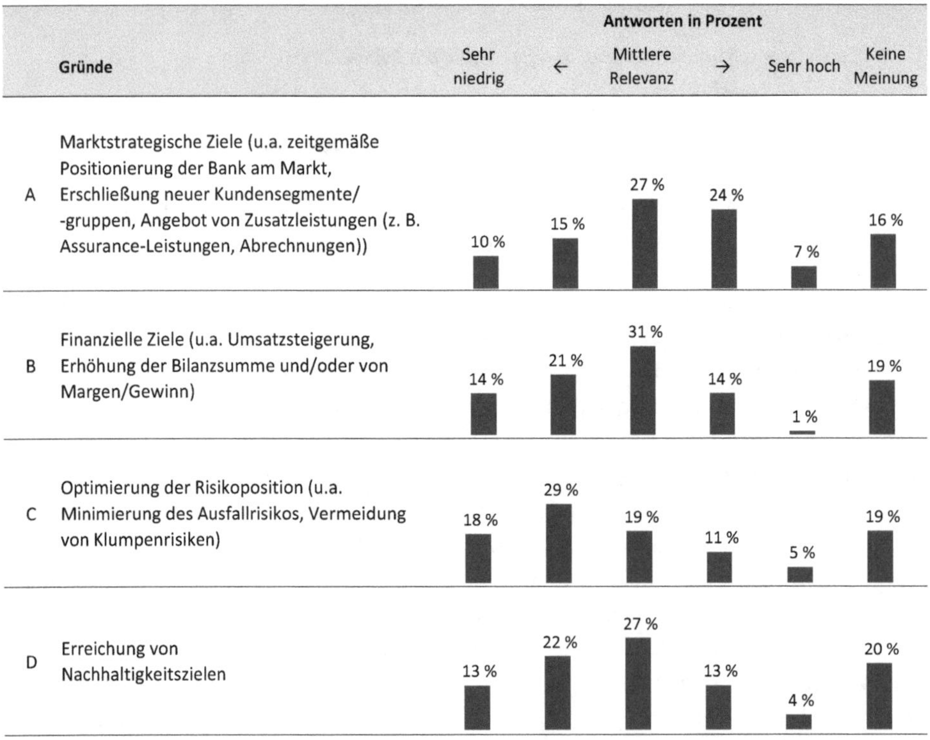

Abb. 4.15 Beweggründe (Motive) für ein Engagement in PPX-Geschäftsmodellen seitens der Kreditinstitute der Stichprobe

Regionalbanken wiederum der hohe Anteil ausgebliebener Antworten auf. Der Rücklauf mit dem Vermerk „Keine Meinung" liegt bei allen vier Antwortrubriken zwischen 16 % und 20 %, was zumindest auf eine gewisse Unsicherheit im Hinblick auf die ökonomischen Vorteile der innovativen Konzepte hindeuten dürfte. Die abgegebenen Antworten wiederum zeichnen auf den ersten Blick ein recht homogenes Bild für die vier Kategorien der (1.) marktstrategischen Ziele, (2.) der finanziellen Ziele, (3.) der Optimierung der Risikoposition sowie (4.) der Erreichung von Nachhaltigkeitszielen, spannen aber zugleich ein recht großes Spektrum bezüglich der Relevanz der Ziele im Kontext von PPX-Modellen auf. Für die Ziele (1.), (2.) und (4.) ist die „mittlere" Einschätzung (Relevanz) mit Werten zwischen insgesamt 27 % und 31 % jeweils am stärksten besetzt. Diese relativ skeptische Sicht zeigt sich auch in der Antwortkategorie einer „überdurchschnittlichen Relevanz" von PPX-Geschäftsmodellen, wobei diese Einschätzung insgesamt mit Werten zwischen 13 % und 24 % weniger häufig vorkommt, also insgesamt nur wenige Verantwortliche in Banken PPX-Geschäftsmodellen ein überdurchschnittliches Potenzial in Bezug auf die Erreichung marktstrategischer, finanzieller oder nachhaltiger Ziele beimessen. Sehr hohe Potenziale hinsichtlich der Zielerreichung erkennen schließlich nur zwischen 1 % und 7 % der befragten Unternehmen. Im Gegensatz dazu sind die Antwortkategorien in Bezug auf eine unterdurchschnittliche Relevanz der drei zuvor diskutierten Zielkategorien deutlich stärker besetzt. So schätzen insgesamt zwischen 10 % und 14 % der Befragten die Relevanz von PPX-Geschäftsmodellen in Bezug auf die Erreichung marktstrategischer, finanzieller und nachhaltiger Ziele als „sehr gering" ein. Weiterhin ist die „unterdurchschnittliche" Antwortkategorie noch recht stark besetzt. Die Rückmeldungen der Bankenvertreter/-innen liegen bezüglich der marktstrategischen Ziele bei insgesamt 15 %, den finanziellen Zielen bei 21 % und den Nachhaltigkeitszielen bei 22 %. In einer Gesamtschau bleibt festzuhalten, dass die befragten Kreditinstitute die Relevanz von PPX-Modellen zur Erreichung ökonomischer Zielsetzungen wesentlich vorsichtiger einschätzen als die Meinungsäußerungen in den Experteninterviews zu interpretieren sind, die u. a. im Hinblick auf die Synchronisierung von Umsatz und (Maschinen-)Aufwand regelmäßig sowohl finanzielle als auch marktstrategische Ziele in den Mittelpunkt der eigenen Argumentation gestellt hatten. Insofern sind an dieser Stelle deutlich anders gelagerte Beurteilungen zwischen den beiden Probandengruppen zu konstatieren.

Eine deutliche Divergenz in der Einschätzung der Motive für bzw. der Vorteile von PPX-Geschäftsmodellen lässt sich schließlich auch in Bezug auf die Zielkategorie „Optimierung der Risikoposition" ausmachen. Hinsichtlich dieser Zieldimension überrascht vermutlich wenig, dass die Experten/-innen in den geführten Interviews etwaige Vorzüge von nutzungsorientierten Vertragsbeziehungen z. B. im Hinblick auf das Restwertrisiko als unmittelbaren Vorteil im Vergleich zu einem klassischen Kauf herausgestellt und so – neben weiteren Aspekten – weitere Argumente für PPX-basierte Geschäftsmodelle formuliert haben. Dieser Einschätzung konnten sich in der Befragung die Bankenvertreter/-innen offensichtlich nur begrenzt anschließen, da das Risikoziel im Vergleich zu den anderen, zuvor diskutierten Zielkategorien schlechter eingeschätzt wird, also auf der Antwortskala nach links verschoben ist und demnach weniger positiv als Beweggrund für ein Engagement in PPX-Vertragsbeziehungen gesehen wird. In diesem Sinne verbinden 29 % der Kreditinstitute mit PPX-Engagements eine unterdurchschnittliche Relevanz im Hinblick auf die Optimierung der Risikoposition, für weitere 18 % der Befragten ist die Relevanz zudem „gering". Vergleichbare Einschätzungen finden sich weiterhin in der mittleren Beurteilungskategorie, in der der Gesamtwert bei 19 % liegt. Positivere Einschätzungen finden sich schließlich nur selten, da lediglich 11 % der Befragten von einer überdurchschnittlichen Relevanz ausgehen und eine sehr hohe Bedeutung nur noch von 5 % der Kreditinstitute angeführt wird. Damit wird insgesamt deutlich, dass PPX-basierte Finanzinnovationen sowohl unter Ertrags- als auch und gerade unter Risikoerwägungen von den befragten Banken vergleichsweise zurückhaltend beurteilt werden. Basierend auf dieser bisher noch eher globalen Einschätzung sollen im nächsten Bereich der Befragung (Teil V des Fragebogens) die Chancen und Risiken aus der Sicht von Banken in unterschiedlichen Vertragskonstellationen näher untersucht werden, um einerseits die Gründe für die bisher bestehende Reserviertheit zu ergründen und andererseits aufklärerisch etwaige Vorzüge einzelner Ausgestaltungen aufzuzeigen.

4.2.3 Chancen und Risiken ausgewählter PPX-Geschäftsmodelle aus der Sicht von (Regional-)Banken

In den Experteninterviews standen durchgängig die Ertrags- und Risikoerwartungen von PPX-Geschäftsmodellen im Mittelpunkt etwaiger Vorzüge dieser nutzungsorientierten Finanzinnovationen. Während die (Geschäfts-)Potenziale durchgängig sowohl für Hersteller als auch die finanzierenden Kreditinstitute überaus positiv eingeschätzt wurden, war die Risikoeinschätzung in einer Gesamtschau heterogen(er). So wurden die originären ökonomischen Risiken selbst zwar mitunter unterschiedlich gesehen, schlussendlich aber angesichts spezifischer vertraglicher Ausgestaltungsmöglichkeiten stets als beherrschbar bzw. vernachlässigbar betrachtet. Insofern lag es nahe, diesen zentralen Aspekt auch in die Befragung zu integrieren und von den Kreditinstituten der Stichprobe im Detail würdigen zu lassen. Die Grundlage der Analyse stellt dabei die bereits aus Abschn. 3.3 bekannte Unterteilung in „Passive PPX-Geschäftsmodelle", „Aktive PPX-Geschäftsmodelle" und „Strategische PPX-Geschäftsmodelle" dar, die im Rahmen der vorliegenden Studie ausgehend von den in der Literatur zu findenden Typisierungen im Sinne standardmäßiger (Arche-)Typen entwickelt worden ist und schlussendlich durch eine Offenlegung der zentralen Vertragspartner und -bestandteile die Einordnung für die Probanden/-innen erleichtern soll.

4.2.3.1 Limitierende Faktoren für PPX-Geschäftsmodelle aus Bankensicht

Im Hinblick auf eine Detailanalyse der Chancen und Risiken von PPX-Geschäftsmodellen bietet es sich in einem ersten Schritt an, zunächst etwaige begrenzende Faktoren zu thematisieren, die einer Integration nutzungsorientierter Finanzinnovationen in das Leistungsspektrum von Regionalbanken entgegenstehen könnten. In diesem Sinne sind die Kreditinstitute der Stichprobe auf der Basis vorgegebener Kategorien (Themenfelder) über die bedeutsamsten limitie-

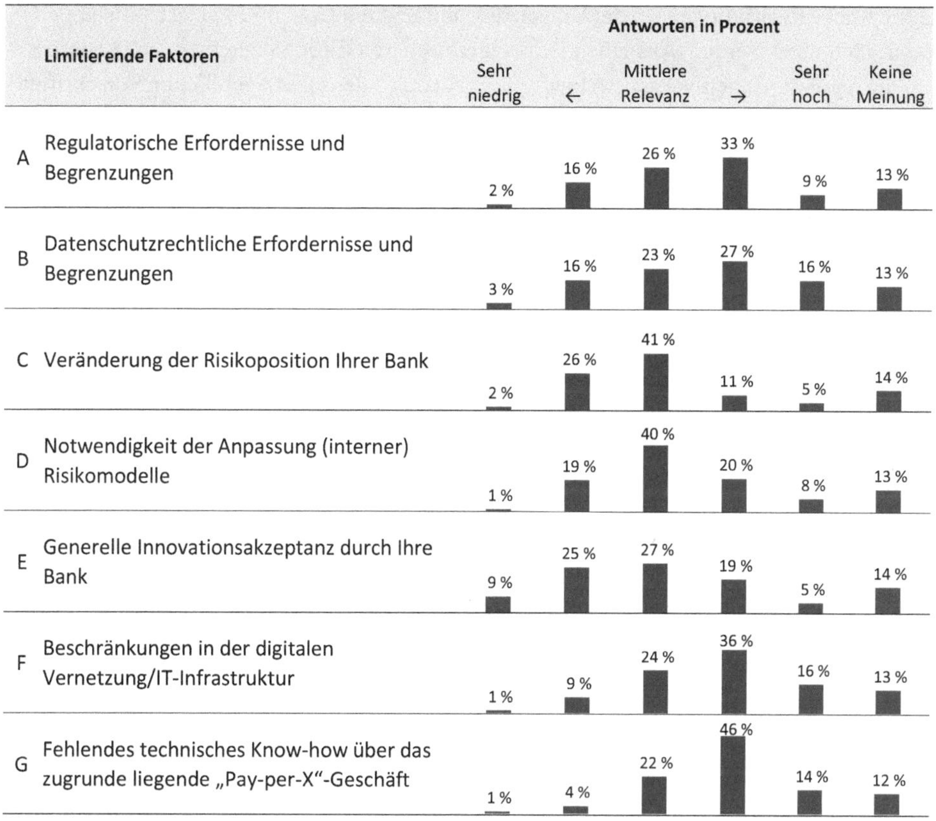

Abb. 4.16 Limitierende Faktoren für die Umsetzung bzw. Begleitung von PPX-Geschäftsmodellen aus der Sicht der Kreditinstitute der Stichprobe

renden Faktoren bei der Umsetzung bzw. Begleitung von PPX-Geschäftsmodellen befragt worden. Abb. 4.16 zeigt das aufbereitete Antwortspektrum zu dieser Frage.

In einer globalen Würdigung der Befunde wird zunächst deutlich, dass die befragten Regionalbanken sowohl regulatorische Begrenzungen als auch technische/operative Restriktionen und Anpassungsnotwendigkeiten im Zusammenhang mit der Adaption von PPX-Geschäftsmodellen zwar sehr wohl wahrnehmen und als Limitationen verstehen, die abgegebenen Einschätzungen aber zugleich darauf hindeuten, dass die Restriktionen von der Mehrheit der Befragten als beherrschbar und überwindbar betrachtet werden. Größere Probleme im Sinne einer schlechteren Einschätzung lassen sich hingegen bei den Beschränkungen der digitalen Vernetzung selbst (IT-Infrastruktur) sowie in fehlenden technischen Kenntnissen über das zugrunde liegende PPX-Geschäftsmodell ausmachen. Zudem ist wiederum auffällig, dass zwischen 12 % bis 14 % der befragten Kreditinstitute keine Einschätzung zu den vorgegebenen Themenfeldern abgegeben haben.

Vor dem Hintergrund der intensivierten Banken- und Kapitalmarktregulierung in den letzten Jahrzehnten überrascht bei einer Betrachtung der Einzelbefunde nicht, dass sowohl die (banken-)regulatorischen Vorgaben als auch die datenschutzrechtlichen Vorschriften als deutliche Restriktionen bei der Umsetzung und Begleitung von PPX-Geschäftsmodellen wahrgenommen werden. Ausgehend von einer mittleren Einschätzung von 26 % (bezogen auf die regulatorischen Vorgaben) bzw. 23 % (bei den datenschutzrechtlichen Vorschriften) der Kreditinstitute, sehen weitere 33 % bzw. 9 % überdurchschnittliche oder gar hohe Einführungs- und Begleitungshürden in Bezug auf die bankenregulatorischen Begrenzungen. Vergleichbare Befunde zeigen sich in Bezug auf die datenschutzrechtlichen Restriktionen mit Werten von insgesamt 27 % für das überdurchschnittliche Cluster bzw. 16 % für das hohe Hürden anzeigende Cluster.

Entgegen einer eher nachrangigen Einschätzung des Ziels einer „Optimierung der Risikoposition" durch die Probanden/-innen im vorherigen Abschnitt (vgl. Abb. 4.15) zeigt sich in Bezug auf potenzielle Limitationen im Zusammenhang mit der Einführung von PPX-Vertragskonstellationen eine nicht unerhebliche Relevanz einer möglichen Veränderung der Risikoposition der Bank: Insgesamt 57 % der befragten Kreditinstitute interpretieren diesen Faktor als mittlere oder überdurchschnittliche/starke Restriktion, wohingegen diesbezüglich nur 28 % von (sehr) geringen Begrenzungen hinsichtlich einer Veränderung des eigenen unternehmerischen Risikos ausgehen. Insofern liegt die Schlussfolgerung auf der Hand, dass die Vertreter von Regionalbanken mit PPX-Geschäftsmodellen sehr wohl Chancen als auch nennenswerte Risiken in Verbindung bringen. Diese Sichtweise wird durch die strukturell sehr ähnlichen Einschätzungen bezüglich der Notwendigkeit einer Anpassung der internen Risikomodelle weiter untermauert. So sehen insgesamt 68 % der Entscheidungsträger/-innen in deutschen Regionalbanken in dieser Größe einen mittleren bis überdurchschnittlich bzw. stark limitierenden Faktor, wohingegen gerade einmal 20 % der Probanden/-innen die erforderlichen Anpassungen als niedrigschwellig wahrnehmen.

Eine ähnliche Einschätzung durch die Kreditinstitute der Stichprobe ergibt sich weiterhin in Bezug auf die generelle Innovationsakzeptanz durch die eigene Bank. Diesbezüglich geht die Mehrheit der befragten Regionalbanken (51 %) von mittleren bis hohen Akzeptanzhürden, also organisationsinternen Widerständen bei der Einführung von PPX-Geschäftsmodellen aus. Dieser, grundsätzlich natürlich in allen (etablierten) Unternehmen zu erwartende Befund dürfte faktisch ein „echtes" Innovationshemmnis darstellen, zumal die handelnden Akteure/-innen auf der operativen Ebene natürlich die erforderlichen Veränderungen mittragen und die Voraussetzungen schaffen müssen, um schlussendlich in dem zunächst noch neuen Terrain erfolgreich sein zu können. Für insgesamt lediglich 34 % der befragten Banken scheinen die internen Hürden hingegen leicht(er) überwindbar zu sein. Schließlich werden von den befragten Kreditinstituten sowohl die Beschränkungen in der digitalen Vernetzung (IT-Infrastruktur) als auch das intern (noch) fehlende Wissen über die den PPX-Modellen zugrunde liegenden Strukturen als weitere Restriktionen bewertet. Bezüglich der als begrenzt wahrgenommenen IT-Vernetzungsmöglichkeiten sehen insgesamt 76 % der befragten Banken mittlere bis starke Restriktionen, wobei der Anteil überdurchschnittlicher Problemeinschätzungen allein bei 52 % liegt. Lediglich 10 % der Befragten sehen diese Hürde als unterdurchschnittlich oder gar leicht beherrschbar. Im Hinblick auf das eigene organisationsinterne Know-how sehen 60 % der Institute der Stichprobe überdurchschnittliche Hürden, weitere 22 % gehen von mittleren zu überwindenden Barrieren im Zuge der Umsetzung und Begleitung von PPX-Vertragskonstellationen aus. Für gerade einmal 5 % der Entscheidungsträger/-innen stellt das erforderliche eigene Kompetenzniveau kein nennenswertes Problem dar. In einer Gesamtschau scheinen demnach in deutschen Regionalbanken in kritischen Bereichen Innovationshemmnisse vorzuliegen, die einerseits per se die Adaption innovativer Produkte und Dienstleistungen erschweren dürften und andererseits sicherlich auch auf die Beurteilung der im Folgenden behandelten Chancen und Risiken von PPX-Geschäftsmodellen wirken werden.

4.2.3.2 (Arche-)Typen von PPX-Geschäftsmodellen – Chancen und Risiken

Für die konkrete Umsetzung von PPX-Geschäftsmodellen werden in Präsentationen von Unternehmensberatungen und vereinzelten (Groß-)Banken sowie andeutungsweise auch in der noch jungen Fachliteratur (vgl. u. a. Katilmis et al., 2022) unterschiedliche Ausgestaltungsformen vorgeschlagen und mit ihren jeweiligen Vor- und Nachteilen diskutiert. In diesen Umsetzungsvarianten übernehmen Maschinenhersteller, Maschinennutzer (Kunde) und Finanzdienstleister jeweils unterschiedliche Rollen, sodass in der Befragung die Entscheidungsträger/-innen von Regionalbanken gebeten wurden, diese alternativen Konstellationen unter Chancen- und Risikogesichtspunkten einzuschätzen sowie weitergehende Beurteilungen aus der Sicht einer Bank abzugeben.

Passive PPX-Geschäftsmodelle (Typ 1):

In Bezug auf das bereits in Kap. 3.3 eingeführte passive PPX-Geschäftsmodell sind die Kreditinstitute der Stichprobe in einer ersten Frage nach der Attraktivität einer solchen Konstruktion gefragt worden, wobei auch das aktuelle Kundenportfolio in die Betrachtung einbezogen werden sollte. Die detaillierten Befunde zu dieser Frage finden sich in der Abb. 4.17 wieder. Die Umsetzung und Begleitung passiver PPX-Geschäftsmodelle besitzt für 35 % der befragten Institute eine mittlere und für weitere 14 % eine hohe Attraktivität, wird zugleich aber auch von fast 37 % der Befragten als unterdurchschnittlich attraktiv eingeschätzt. 12 % der Befragten geben zur gestellten Frage keine Einschätzung ab.

Zwar eng verbunden mit der zuvor thematisierten generellen Attraktivitätseinschätzung, nunmehr aber stärker auf die Umsetzungsmöglichkeiten ausgerichtet, sind die Kreditinstitute der Stichprobe weiterhin dahingehend befragt worden, ob sich ein passives PPX-Geschäftsmodell aktuell durch die jeweils eigene Bank als neues Marktsegment standardisiert anbieten ließe. Die Befunde zu dieser Frage finden sich in Abb. 4.18.

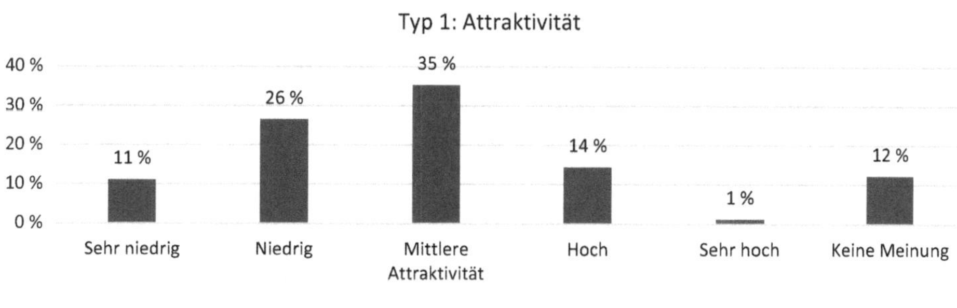

Abb. 4.17 Attraktivität des „Passiven PPX-Geschäftsmodells" aus der Sicht der Kreditinstitute der Stichprobe

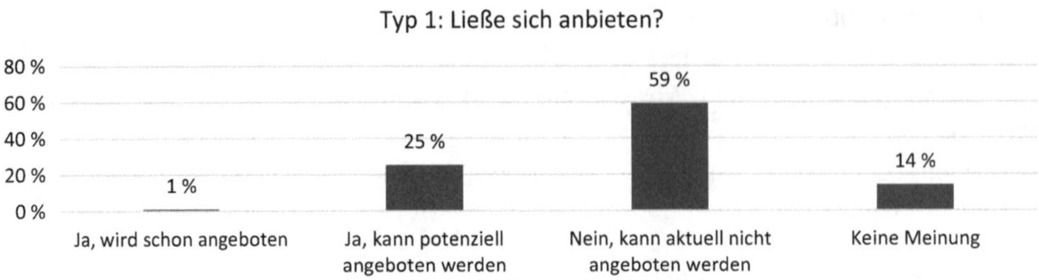

Abb. 4.18 Möglichkeiten des standardisierten Angebots von passiven PPX-Geschäftsmodellen als neues Marktsegment aus der Sicht der Kreditinstitute der Stichprobe

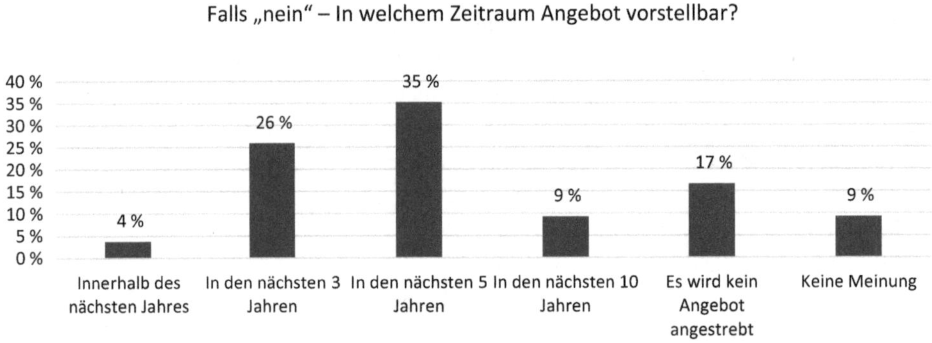

Abb. 4.19 Perspektivischer Zeitraum eines möglichen standardisierten Angebots von passiven PPX-Geschäftsmodellen als neues Marktsegment aus dem Kreis der bisherigen Nicht-Anbieter der Stichprobe

Die Antworten auf diese Frage sind eindeutig: Mit insgesamt 59 % der befragten Kreditinstitute ist die überwiegende Mehrheit der Regionalbanken aktuell noch nicht in der Lage, passive PPX-Vertragskonstellationen anzubieten. Ein Viertel der Befragten ist der Meinung, derartige Konstrukte potenziell anbieten zu können, wobei lediglich in 1 % der an der Umfrage teilnehmenden Institute passive PPX-Geschäftsmodelle schon angeboten werden. Durchschnittlich 14 % der Befragten geben schließlich zur gestellten Frage keine Rückmeldung.

Mit den aktuell nur begrenzten Möglichkeiten einer Umsetzung passiver PPX-Geschäftsmodelle in deutschen Regionalbanken drängt sich weiterhin die Frage auf, etwaige Umsetzungsperspektiven zu erheben und zumindest diejenigen, die gegenwärtig noch kein Angebot ermöglichen können, danach zu fragen, in welchem Zeitraum ein Angebot vorstellbar wäre. Die in Abb. 4.19 dargelegten Befunde zeichnen in Bezug auf eine mögliche Umsetzung passiver PPX-Geschäftsmodelle ein optimistisches Bild: Für 44 % der bisherigen Nicht-Anbieter stellen passive PPX-Vertragsmodelle in den nächsten 5 Jahren oder den nächsten 10 Jahren eine erwägenswerte Option dar, wohingegen insgesamt fast jede vierte Regionalbank schon in den nächsten 3 Jahren und weitere 4 % den Markt innerhalb des nächsten Jahres erschließen wollen. 9 % der bisherigen Nicht-Anbieter haben keine Meinung zur etwaigen Erschließung eines neuen Geschäftsmodells. Weitere 17 % streben explizit kein Angebot an.

In Ergänzung zu den bisher eher allgemein gehaltenen umsetzungsbezogenen Fragen zu den passiven PPX-Geschäftsmodellen sowie im Hinblick auf eine an vorgegebenen Merkmalen orientierte Identifikation potenzieller Problembereiche sind den befragten Kreditinstituten in der Folge einige Aussagen vorgegebenen worden, die unter der Annahme, dass die eigene Bank Teil eines passiven PPX-Geschäftsmodells sei, auf einer vorgegebenen Antwortskala beurteilt werden sollten. Die ersten zwei Aussagen A-B thematisieren dabei aus Sicht der Bank Aspekte der Zusammenarbeit zwischen dem Maschinenhersteller und bitten um eine Einschätzung der bankseitig erforderlichen Vertragskompetenz sowie des notwendigen Wissens über IIoT-Daten. Mit den Aussagen C–D werden weiterhin Aspekte der sich für die Bank aus dem passiven PPX-Geschäftsmodell ergebenden Risikosituation sowie der Notwendigkeit des Umgangs mit diesen spezifischen Risiken im Rahmen der Kreditwürdigkeitsprüfung aufgegriffen. Ferner geht es in den Aussagen E-F um die etwaige Zusammenarbeit mit Fintechs und sonstigen Datentreuhänder/-innen sowie den jeweiligen Dachorganisationen. Schließlich soll mit Aussage G um eine Einschätzung der Probanden/-innen gebeten werden, die sich auf die mögliche Vereinnahmung höherer Zinsmargen infolge der spezifischen Vertragscharakteristika ergibt.

Das ausdifferenzierte Bild an Rückmeldungen ist in Abb. 4.20 aufbereitet und gibt einen Überblick über die von den Kreditinstituten in der Stichprobe abgegebenen Einschätzungen. Zunächst fällt auf, dass die Menge an ausgebliebenen Rückantworten wiederum sehr hoch ist und sich über alle Aussagen im Bereich zwischen 21 % und 32 % bewegt. Interessant ist weiterhin, dass eine Zusammenarbeit mit Fintechs oder sonstigen Datentreuhändern sowohl von Genossenschaftsbanken als auch von Sparkassen tendenziell offenbar nicht als erforderlich angesehen oder gewünscht wird. Gleiches gilt in etwas anderer Ausprägung auch für ein stärkeres Engagement der jeweiligen Dachorganisationen in Form von Unterstützung oder konkreter Zusammenarbeit. Schließlich wird deutlich, dass die befragten regionalen Kreditinstitute passive PPX-Geschäftsmodelle zumindest aktuell noch nicht als Vehikel zur Erhöhung der eigenen Zinsmarge (über Konditionenaufschläge im Rahmen der Vertragsgestaltung) ansehen. Dieser Befund erstaunt insofern, als vertragliche Flexibilität doch auch bereits im Kontext „traditioneller“ Bankgeschäfte stets zu erhöhten Konditionen geführt hat bzw. führt.

Die zuvor angesprochenen vertraglichen Flexibilitätskomponenten sowie die Einbeziehung unterschiedlicher Akteure erhöhen zwangsläufig die Komplexität der Vertragsgestaltung und ändern damit im Regelfall auch die der Vereinbarung immanente Risikoteilung. In dieser Logik stellt sich aus der Sicht einer (Regional-)Bank deshalb auch unmittelbar die Frage, welche spezifischen Risiken zwischen zentralen Akteuren (Maschinenhersteller und Maschinennutzer) im Rahmen eines passiven PPX-Geschäftsmodells auf die Bank zurückstrahlen können. Die nachfolgende Abb. 4.21 zeigt die differenzierten Einschätzungen der befragten Kreditinstitute auf der Basis vorgegebener Aussagen über spezifische Risiken.

Neben dem Umstand, dass wiederum zwischen 22 % und 26 % der Befragten zur erbetenen Risikobeurteilung keine Einschätzung abgegeben haben, scheinen die vorgegebenen Aussagen zum eher geläufigen leistungswirtschaftlichen und finanzwirtschaftlichen Risiko beim Hersteller und Kunden stärker im Mittelpunkt der Risikowahrnehmung der befragten Banken zu stehen als „neuere“, sich aus den Digitalisierungs- und Serviceaspekten von passiven PPX-Geschäftsmodellen ergebende Risiken. Letztere werden

		Antworten in Prozent					
	Aussage	Stimme gar nicht zu	←	Mittlere Ausprägung	→	Stimme voll und ganz zu	Keine Meinung
A	Festsetzung der (Rückzahlungs-)Leasingrate mit dem Maschinenhersteller erfordert zwingend detaillierte Kenntnisse seitens der Bank über den „Pay-per-X"-Vertrag mit dem Maschinennutzer!	3 %	10 %	7 %	30 %	30 %	21 %
B	Festsetzung der (Rückzahlungs-)Leasingrate mit dem Maschinenhersteller erfordert umfassende Kenntnisse seitens der Bank über IIoT-Daten!	3 %	11 %	13 %	32 %	15 %	25 %
C	Innerhalb des passiven „Pay-per-X"-Geschäftsmodells erfolgt die Risikoteilung primär zwischen Maschinenhersteller und Maschinennutzer, so dass die Risiken für die Bank überschaubar sind!	11 %	14 %	22 %	20 %	9 %	24 %
D	Ein passives „Pay-per-X"-Geschäftsmodell benötigt angepasste Kriterien und Verfahren der Kreditwürdigkeitsprüfung!	7 %	9 %	11 %	33 %	16 %	24 %
E	FinTechs und sonstige Datentreuhändler als Informationsintermediäre (im Sinne einer Anonymisierung und angebotenen Analytics-Leistungen) sind bei passiven „Pay-per-X"-Geschäftsmodellen als Kooperationspartner einer Bank unabdingbar!	8 %	22 %	20 %	13 %	5 %	32 %
F	(Regional-)Banken können passive „Pay-per-X"-Geschäftsmodelle nur unter Einbeziehung von Dachorganisationen (DEKA bzw. DZ Bank) durchführen bzw. skalieren!	4 %	10 %	18 %	18 %	24 %	26 %
G	Obwohl die Vereinbarung konstanter Leasingraten gängige Praxis sein dürfte, könnten wir uns als Bank im Rahmen von passiven „Pay-per-Use"-Geschäftsmodellen vorstellen, einen Teil des Abnutzungsrisikos zu übernehmen und den Leasingvertrag nutzungsbasiert auszugestalten, um als Bank von höheren Renditen (Zinsmargen) profitieren zu können!	13 %	18 %	22 %	14 %	4 %	29 %

Abb. 4.20 Aussagenbasierte Einschätzung von passiven PPX-Geschäftsmodellen seitens der Kreditinstitute der Stichprobe

augenscheinlich von den Probanden/-innen zwar nicht durchgängig, aber zumindest in Bezug auf zwei Ausprägungen (Abrechnungs- und Servicerisiken) als deutlich weniger bedeutsam interpretiert. Ob und inwieweit die befragten Kreditinstitute zu einer ähnlichen Einschätzung für aktive PPX-Geschäftsmodelle kommen, wird nachfolgend untersucht.

	Risiken	Antworten in Prozent					
		Stimme gar nicht zu	←	Mittlere Ausprägung	→	Stimme voll und ganz zu	Keine Meinung
A	Leistungswirtschaftliches Risiko des Maschinenherstellers (Marktrisiko)	1 %	16 %	16 %	30 %	14 %	22 %
B	Finanzwirtschaftliches Risiko des Maschinenherstellers (Finanzierungsrisiko)	1 %	5 %	19 %	31 %	22 %	22 %
C	Leistungswirtschaftliches Risiko des Maschinennutzers (Marktrisiko)	2 %	14 %	23 %	24 %	13 %	23 %
D	Finanzwirtschaftliches Risiko des Maschinennutzers (Finanzierungsrisiko)	3 %	11 %	24 %	25 %	12 %	24 %
E	(Technologische) Restwertrisiken aus dem Vertragsgegenstand	2 %	9 %	24 %	31 %	10 %	24 %
F	Risiken aus Abrechnungen innerhalb des „Pay-per-X"-Vertrages	7 %	22 %	30 %	11 %	4 %	26 %
G	Risiken aus der (immanenten) Festlegung von Servicekomponenten des „Pay-per-X"-Vertrages	4 %	20 %	26 %	21 %	2 %	26 %
G	Cyber- und sonstige IT-Risiken	3 %	10 %	29 %	25 %	10 %	23 %

Abb. 4.21 Einschätzung spezifischer bankenbezogener Risiken aus dem passiven PPX-Geschäftsmodell aus der Sicht der Kreditinstitute der Stichprobe

Aktive PPX-Geschäftsmodelle (Typ 2):

Im aktiven PPX-Geschäftsmodell verkauft der Maschinenhersteller die Maschine an den Maschinennutzer (Kunde), der für die Finanzierung eine Bank einschaltet, die wiederum sowohl als Finanzierer als auch als PPX-Vertragspartner fungiert. Im Vergleich zu einer passiven Vertragsgestaltung nach Typ 1 dürfte sich bei der aktiven PPX-Variante die Komplexität des Konstrukts zwar nicht grundsätzlich ändern, aufgrund der ratenkaufähnlichen Struktur sollte aber zumindest eine (etwas) andere Risikoverteilung zwischen den beteiligten Akteuren vorliegen. Insofern ist auch zu konstatieren (vgl. Abb. 4.22), dass die Vertreter/-innen der befragten Kreditinstitute den Typ 2 als geringfügig unattraktiver im Vergleich zu Typ 1 beurteilen. So gehen 30 % der befragten Banken von einer mittleren Attraktivität aus. Weitere 9 % bzw. 5 % schätzen das Potenzial des aktiven PPX-Geschäftsmodells als hoch oder sehr hoch ein. Anders verhält es sich demgegenüber bei den unterdurchschnittlichen Einschätzungen: Hier sehen insgesamt 26 % der Banken die Attraktivität als niedrig an, weitere 15 % weisen aktiven PPX-Geschäftsmodellen gar eine sehr niedrige Attraktivität zu. Schließlich ist auch bei Typ 2 wiederum festzuhalten, dass

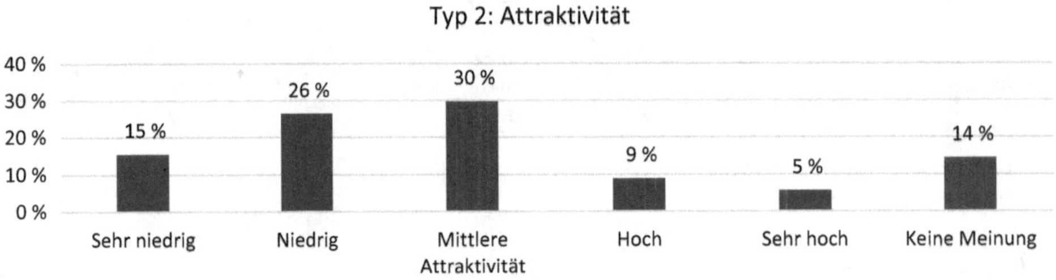

Abb. 4.22 Attraktivität des „Aktiven PPX-Geschäftsmodells" aus der Sicht der Kreditinstitute der Stichprobe

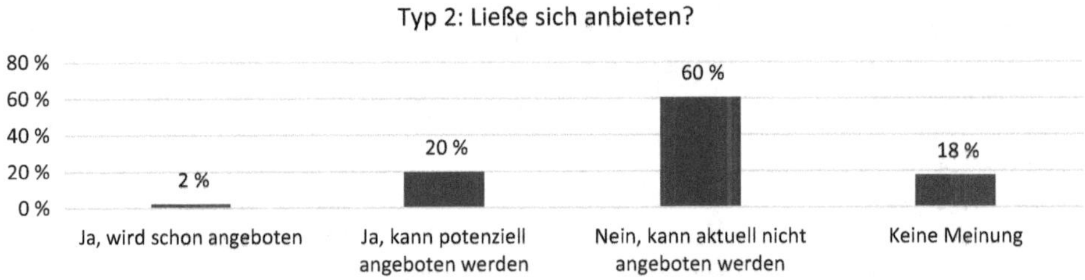

Abb. 4.23 Möglichkeiten des standardisierten Angebots von aktiven PPX-Geschäftsmodellen als neues Marktsegment aus der Sicht der Kreditinstitute der Stichprobe

sich mit 14 % der befragten Banken der Anteil derjenigen Probanden/-innen, die „Keine Meinung" abgegeben haben, recht hoch darstellt.

Vor dem Hintergrund der eher skeptischen Einschätzung der Attraktivität von aktiven PPX-Vertragsbeziehungen verwundert es auch nicht, dass die aktuellen Umsetzungsmöglichkeiten – nahezu identisch zur Beurteilung von Typ 1 – sehr zurückhaltend eingeschätzt werden (vgl. Abb. 4.23): 60 % der Befragten gehen davon aus, dass sie noch nicht in der Lage sind, ihren Kunden/-innen aktive PPX-Vertragskonstellationen als neues Marktsegment anbieten zu können. Ein Fünftel der Banken in der Stichprobe ist der Auffassung, dass sich derartige Konstrukte potenziell als Angebot etablieren lassen. Lediglich 2 % der Regionalbanken bieten aktive PPX-Finanzierungsmodelle bereits an. Durchschnittlich 18 % der befragten Kreditinstitute geben schließlich zur gestellten Frage keine Meinungsäußerung ab.

Sofern die befragten Kreditinstitute gegenwärtig noch kein Angebot an aktiven PPX-Vertragskonstrukten ermöglichen können, interessiert mit Blick auf die Zukunft, ob und inwieweit die Umsetzungsperspektiven eingeschätzt werden. In Abb. 4.24 sind die Rückmeldungen zu dieser Frage aufbereitet. Die Befunde zeichnen – relativ zu den Einschätzungen zu Typ 1 – ein moderat optimistisches Bild hinsichtlich der Adaption von aktiven PPX-Geschäftsmodellen als ‚neues' Marktsegment für Regionalbanken: Für 38 % stellen aktive PPX-Geschäftsmodelle in den nächsten 10 Jahren (11 %) oder den nächsten 5 Jahren (27 %) erwägenswerte Optionen zur Erweiterung der eigenen Geschäftsbasis dar. Etwas weniger als ein Viertel (24 %) will den Markt innerhalb der nächsten 3 Jahre er-

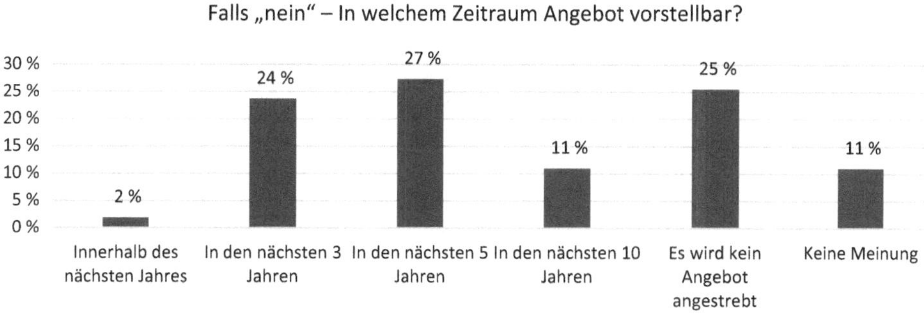

Abb. 4.24 Perspektivischer Zeitraum eines möglichen standardisierten Angebots von aktiven PPX-Geschäftsmodellen als neues Marktsegment aus dem Kreis der bisherigen Nicht-Anbieter der Stichprobe

schließen, wohingegen schließlich lediglich 2 % der befragten Institute ein Angebot innerhalb des nächsten Jahres anstreben. Durchschnittlich 11 % der bisherigen Nicht-Anbieter haben zu einem Angebot aktiver Vertragskonstellationen keine Meinung, für weitere 25 % stellt ein künftiges Angebot keine Handlungsoption dar.

Im Rahmen einer weitergehenden Beurteilung aktiver PPX-Geschäftsmodelle sollten die befragten Kreditinstitute unter der Annahme, dass die jeweils eigene Bank Teil eines solchen aktiven Vertragskonstrukts sei, vorgegebene Aussagen – analog zur Erhebung bei Typ 1 – zu unterschiedlichen Bereichen auf einer vorgegebenen Skala einschätzen. Die seitens der Probanden/-innen abgegebenen Rückmeldungen sind aggregiert in Abb. 4.25 erfasst. Wie bereits bei den Rückmeldungen zu Typ 1, ist die Menge an ausgebliebenen Rückantworten auch bei Typ 2 sehr hoch: Durchschnittlich zwischen 33 % und 37 % der befragten Kreditinstitute geben zu den angeführten Aussagen keine Beurteilung ab. Sofern die Kreditinstitute eine inhaltliche Einschätzung kundtun, stimmt mit Ausnahme der Thesen zur Risikoteilung sowie zu den Renditeerwartungen die breite Mehrheit der Banken den vorgegebenen Aussagen insofern zu, als mittlere sowie insbesondere (voll und ganz) zustimmende Rückmeldungen abgegeben werden. Solche Einschätzungen gelten sowohl in Bezug auf die erforderlichen Kenntnisse über die Vertragsgestaltung (A) und das notwendige Wissen im Bereich von „IIoT-Daten" (B) sowie hinsichtlich neuer Verfahren der Kreditwürdigkeitsprüfung (D). Gleiches gilt – wenngleich in abgeschwächter Form – weiterhin für das Erfordernis einer Zusammenarbeit mit Fintechs und sonstigen Datentreuhändern (E) sowie einer Einbeziehung der jeweiligen Dachorganisation (F). Strukturell unterschiedlich sind demgegenüber die Rückmeldungen zur Frage der Risikoteilung innerhalb der Vertragsbeziehung (C) sowie den Ertragsaussichten (G). Bezüglich Aussage C stimmen insgesamt 35 % der befragten Banken gar nicht oder nicht der These zu, dass in der Vertragskonstellation des Typs 2 die Risiken für die involvierte Bank überschaubar bleiben. Weitere 13 % äußern – neben der bereits thematisierten hohen Zahl an ausgebliebenen Wertungen – mit der mittleren Bewertung eine tendenziell indifferente Einschätzung. Eine solche Position lässt sich mit einem Wert von 20 % schließlich auch für die Einschätzung der Ertragsperspektiven festhalten. Gleichzeitig gehen insgesamt 18 % von (sehr) unterdurchschnittlichen Renditeerwartungen aus, wohingegen sich immerhin 26 % (sehr) über-

		Antworten in Prozent					
	Aussage	Stimme gar nicht zu	←	Mittlere Ausprägung	→	Stimme voll und ganz zu	Keine Meinung
A	Festsetzung der (Rückzahlungs-)Leasingrate mit dem Maschinenhersteller erfordert zwingend detaillierte Kenntnisse seitens der Bank über den „Pay-per-X"-Vertrag mit dem Maschinennutzer!	4 %		9 %	22 %	32 %	33 %
B	Festsetzung der (Rückzahlungs-)Leasingrate mit dem Maschinenhersteller erfordert umfassende Kenntnisse seitens der Bank über IIoT-Daten!	7 %		11 %	26 %	22 %	34 %
C	Innerhalb des aktiven „Pay-per-X"-Geschäftsmodells erfolgt die Risikoteilung primär zwischen Maschinenhersteller und Maschinennutzer, so dass die Risiken für die Bank überschaubar sind!	20 %	15 %	13 %	12 %	3 %	36 %
D	Ein aktives „Pay-per-X"-Geschäftsmodell benötigt angepasste Kriterien und Verfahren der Kreditwürdigkeitsprüfung!	3 %	3 %	12 %	25 %	22 %	34 %
E	FinTechs und sonstige Datentreuhändler als Informationsintermediäre (im Sinne einer Anonymisierung und angebotenen Analytics-Leistungen) sind bei aktiven „Pay-per-X"-Geschäftsmodellen als Kooperationspartner einer Bank unabdingbar!	7 %	13 %	18 %	13 %	14 %	35 %
F	(Regional-)Banken können aktive „Pay-per-X"-Geschäftsmodelle nur unter Einbeziehung von Dachorganisationen (DEKA bzw. DZ Bank) durchführen bzw. skalieren!	4 %	12 %	7 %	16 %	26 %	34 %
G	Obwohl die Vereinbarung konstanter Leasingraten gängige Praxis sein dürfte, könnten wir uns als Bank im Rahmen von aktiven „Pay-per-Use"-Geschäftsmodellen vorstellen, einen Teil des Abnutzungsrisikos zu übernehmen und den Leasingvertrag nutzungsbasiert auszugestalten, um als Bank von höheren Renditen (Zinsmargen) profitieren zu können!	8 %	10 %	20 %	19 %	7 %	37 %

Abb. 4.25 Aussagenbasierte Einschätzung von aktiven PPX-Geschäftsmodellen seitens der Kreditinstitute der Stichprobe

durchschnittliche Aussichten in Bezug auf die Zinsmarge vorstellen können. Diese Werte sind aber in jedem Fall auch deshalb mit Vorsicht zu genießen, als 37 % der befragten Regionalbanken zu dieser These keine Einschätzung abgeben. Insgesamt bleibt daher in Bezug auf eine Beurteilung des aktiven PPX-Geschäftsmodells festzuhalten, dass dieses

	Risiken	Stimme gar nicht zu	←	Mittlere Ausprägung	→	Stimme voll und ganz zu	Keine Meinung
		Antworten in Prozent					
A	Leistungswirtschaftliches Risiko des Maschinenherstellers (Marktrisiko)	9 %	11 %	13 %	15 %	15 %	36 %
B	Finanzwirtschaftliches Risiko des Maschinenherstellers (Finanzierungsrisiko)	12 %	12 %	11 %	15 %	12 %	37 %
C	Leistungswirtschaftliches Risiko des Maschinennutzers (Marktrisiko)	2 %		15 %	25 %	22 %	35 %
D	Finanzwirtschaftliches Risiko des Maschinennutzers (Finanzierungsrisiko)	1 %	2 %	10 %	26 %	25 %	35 %
E	(Technologische) Restwertrisiken aus dem Vertragsgegenstand	1 %	3 %	16 %	29 %	14 %	36 %
F	Risiken aus Abrechnungen innerhalb des „Pay-per-X"-Vertrages	1 %	7 %	23 %	22 %	10 %	37 %
G	Risiken aus der (immanenten) Festlegung von Servicekomponenten des „Pay-per-X"-Vertrages		7 %	19 %	24 %	10 %	41 %
G	Cyber- und sonstige IT-Risiken	3 %	5 %	20 %	22 %	13 %	36 %

Abb. 4.26 Einschätzung spezifischer bankenbezogener Risiken aus dem aktiven PPX-Geschäftsmodell aus der Sicht der Kreditinstitute der Stichprobe

Vertragskonstrukt die befragten Kreditinstitute insbesondere hinsichtlich der zentralen ökonomischen Kategorien „Ertrag" und „Risiko" (bisher) offenbar nicht zu überzeugen vermag.

Vor dem Hintergrund der zuvor dargelegten skeptischen Einschätzung des aktiven PPX-Geschäftsmodells im Hinblick auf das spezifische Risikoprofil ist es besonders interessant, die Meinungen darüber zu erheben, welche spezifischen Risiken die Entscheidungsträger/-innen der Regionalbanken mit dem vorliegenden Vertragskonstrukt in Verbindung bringen. Die nachfolgende Abb. 4.26 zeigt die geäußerten Einschätzungen auf der Basis vorgegebener Aussagen über spezifische Risiken. Zunächst überraschen die Befunde zur Beurteilung der bankenbezogenen Risiken im Zusammenhang mit aktiven PPX-Konstrukten wieder im Hinblick auf den hohen Anteil an befragten Kreditinstituten, die keine Meinung zu den Einzelrisiken abgegeben haben. Diese Einschätzung ist umso erstaunlicher, als einige Risiken sehr wohl aus dem bankbetrieblichen Alltag bekannt sein sollten. Konkret liegt der Anteil ausgebliebener Antworten zwischen 35 % (Risiko C) und 41 % (Risiko G). Im Gegensatz zum passiven PPX-Geschäftsmodell werden beim aktiven Vertragstyp nunmehr aber die ‚neuen' Risikoquellen, die neben den klassischen leistungswirtschaftlichen (Markt-)Risiken und dem Finanzierungsrisiko stehen, stärker wahr-

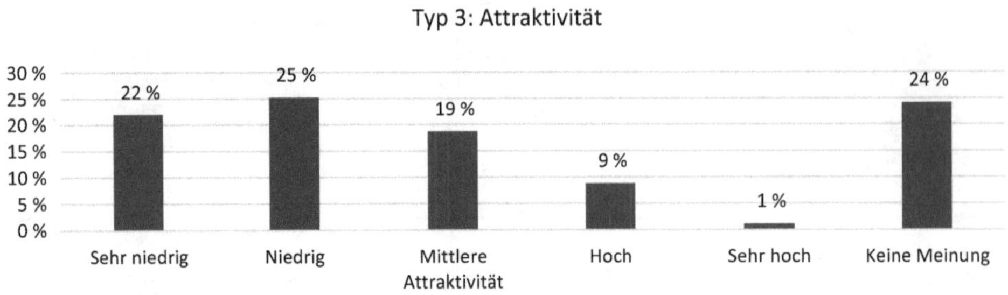

Abb. 4.27 Attraktivität des „Strategischen PPX-Geschäftsmodells" aus der Sicht der Kreditinstitute der Stichprobe

genommen und infolgedessen als bedeutsam(er) interpretiert. Alles in allem zeigt sich demnach auch in Bezug auf Einzelrisiken, dass der Vertragstyp 2 schlechter beurteilt wird als Typ 1.

Strategische PPX-Geschäftsmodelle (Typ 3):

Das strategische PPX-Geschäftsmodell zielt auf die Schaffung eigenständiger rechtlicher Einheiten ab und unterscheidet sich damit sowohl von Typ 1 (der mit klassischen Leasingverträgen in Verbindung steht) als auch von Typ 2, der ratenkaufähnliche Elemente mit variablen Komponenten aufweist. Den beteiligten Banken kommt in dieser Konstellation die Rolle eines koordinierenden Finanzintermediärs und damit eine der klassischen Aufgaben von Kreditinstituten zu. Deshalb verwundert es auch, dass die befragten Regionalbanken die Attraktivität des strategischen PPX-Geschäftsmodells als gering ansehen oder keine Meinung zu derartigen Konstrukten (Verbriefungen) haben. Die Befunde sind in Abb. 4.27 im Einzelnen dargelegt. Beginnend mit einer mittleren Attraktivitätseinschätzung in Höhe von durchschnittlich 19 % gibt fast die Hälfte der Institute (stark) unterdurchschnittliche Einschätzungen ab. Für ein Viertel der Banken ist die Beteiligung bzw. das Angebot eines strategischen PPX-Konstrukts wenig attraktiv, weitere 22 % geben sogar eine sehr niedrige Beurteilung ab. Dieser restriktiven Einschätzung stehen nur wenige positive Rückäußerungen gegenüber: 9 % der Banken verbinden mit der PPX-Verbriefungsvariante eine hohe Attraktivität, für 1 % ist die Attraktivität sogar sehr hoch. Mit 24 % ist schließlich der Anteil der Unentschlossenen wiederum recht groß.

Wenngleich die Attraktivität von strategischen PPX-Geschäftsmodellen (Typ 3) im Vergleich zu den Typen 1 und 2 aus der Sicht der deutschen Regionalbanken noch geringer ist, zeigen sich im Hinblick auf die Möglichkeiten eines standardisierten Angebots keine nennenswerten Unterschiede zu den anderen beiden Vertragskonstellationen (vgl. Abb. 4.28). Mit insgesamt 59 %, die kein Angebot von verbrieften nutzungsorientierten Vertragsmodellen anstreben, sowie weiteren 26 %, die keine Meinung zu einem etwaigen Angebot abgeben, verfolgen 85 % der befragten Institute strategische PPX-Konstrukte nicht aktiv. In lediglich 1 % der Fälle werden rechtliche Konstrukte im Zusammenhang mit PPX-Modellen bereits angeboten, 13 % der Befragten sind der Meinung, dass ein Angebot potenziell möglich sei.

Wird die Betrachtung für den Moment wieder auf den Kreis der bisherigen Nicht-Anbieter (und damit auf die deutliche Mehrheit) fokussiert, stellt sich die Frage, ob und inwieweit sich die deutschen Regionalbanken trotz ihrer augenscheinlich sehr dominanten

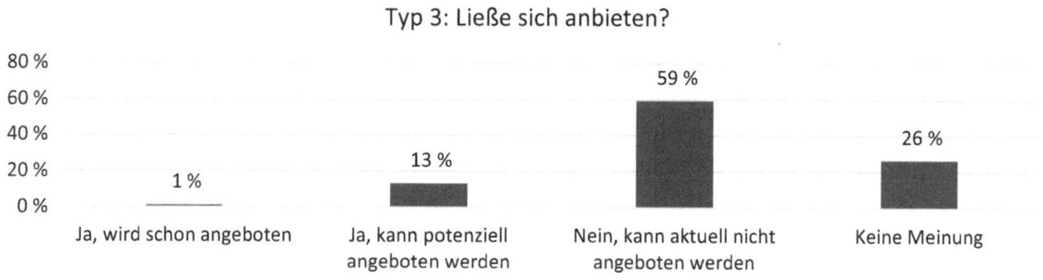

Abb. 4.28 Möglichkeiten des standardisierten Angebots von strategischen PPX-Geschäftsmodellen als neues Marktsegment aus der Sicht der Kreditinstitute der Stichprobe

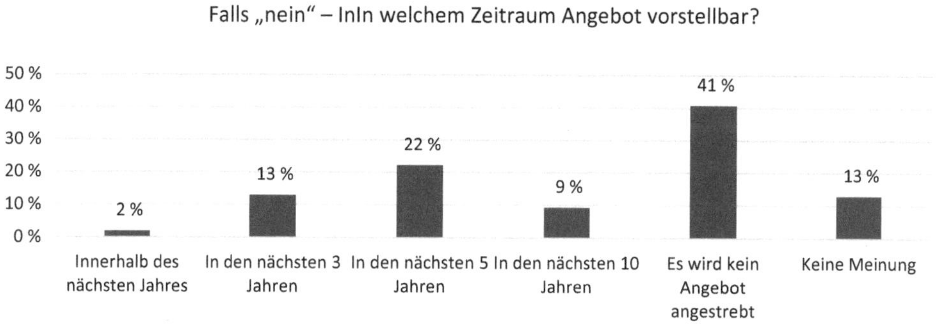

Abb. 4.29 Perspektivischer Zeitraum eines möglichen standardisierten Angebots von strategischen PPX-Geschäftsmodellen als neues Marktsegment aus dem Kreis der bisherigen Nicht-Anbieter der Stichprobe

Skepsis in der Zukunft verbriefte nutzungsorientierte Vertragskonstruktionen (dennoch) vorstellen können. Im Vergleich zu den Typen 1 und 2 werden bei Typ 3 die Möglichkeiten eines standardisierten Angebots im Sinne der Schaffung eines neuen Marktsegments alles in allem deutlich skeptischer eingeschätzt (vgl. Abb. 4.29). So streben insgesamt 41 % der befragten Banken kein Angebot an, weitere 13 % geben keine Meinungsäußerung ab. 2 % der Institute sind euphorisch und gehen von einem Angebot innerhalb des nächsten Jahres aus, für 13 % kommt ein Angebot in den kommenden 3 Jahren in Frage. Mit 22 % in den nächsten 5 Jahren sowie insgesamt 9 % in den nächsten 10 Jahren macht die längerfristige Perspektive schließlich fast ein Fünftel der befragten Regionalbanken aus.

Die weitergehende Beurteilung strategischer PPX-Geschäftsmodelle durch die Probanden/-innen unter der Annahme, dass die jeweils eigene Bank Teil eines solchen aktiven Vertragskonstrukts sei, musste aufgrund der Spezifika der vorliegenden Vertragskonstellation im Vergleich zu den Typen 1 und 2 etwas modifiziert werden. Konkret ist die Frage zur etwaigen datenschutzrechtlichen Problematik infolge der bei Typ 3 vorliegenden Verbriefung entfallen. Weiterhin wurde die abschließende Frage zu den Renditeerwartungen zugunsten einer Frage zu den erwarteten Kundenpräferenzen hinsichtlich der Verbriefungslösung im Vergleich zu klassischen Leasing- und Finanzierungsmodellen mit fixen Zahlungen verändert. Die seitens der Entscheidungsträger/-innen von Regionalbanken abgegebenen Rückmeldungen sind in Abb. 4.30 aufgeführt. In einer Gesamtschau

		Antworten in Prozent					
	Aussage	Stimme gar nicht zu	←	Mittlere Ausprägung	→	Stimme voll und ganz zu	Keine Meinung
A	Festsetzung der Nutzungsraten mit dem Maschinenhersteller erfordert umfassende Kenntnisse seitens der Bank über IIoT-Daten!	1 %	7 %	13 %	15 %	21 %	43 %
B	Innerhalb des strategischen „Pay-per-X"-Geschäftsmodells erfolgt die Risikoteilung primär zwischen SPV und Investoren, wobei die Risiken für die Bank überschaubar sind!	10 %	5 %	15 %	12 %	14 %	43 %
C	Ein strategisches „Pay-per-X"-Geschäftsmodell benötigt angepasste Kriterien und Verfahren der Kreditwürdigkeitsprüfung!	3 %	3 %	15 %	16 %	19 %	43 %
D	(Regional-)Banken können strategische „Pay-per-X"-Geschäftsmodelle nur unter Einbeziehung von Dachorganisationen (DEKA bzw. DZ Bank) durchführen bzw. skalieren, da diese Einrichtungen über das erforderliche Wissen im Bereich „Verbriefungen" verfügen!	3 %	7 %	7 %	14 %	24 %	45 %
E	Ihre mittelständisch geprägten Firmenkunden haben aktuell eine weiterhin starke Präferenz für klassische (fixe) Leasing- und Finanzierungsmodelle im Rahmen von Anlagefinanzierungen und stehen strategischen „Pay-per-Use"-Geschäftsmodellen skeptisch gegenüber!	1 %	2 %	16 %	23 %	13 %	44 %

Abb. 4.30 Aussagenbasierte Einschätzung von strategischen PPX-Geschäftsmodellen seitens der Kreditinstitute der Stichprobe

bewerten die Probanden/-innen die vorgegebenen Aussagen überwiegend im Bereich mittlerer bis (sehr) hoher Zustimmung, wobei – im Vergleich zu den Typen 1 und 2 – die ausbleibenden Rückmeldungen bei Typ 3 deutlich höhere Werte annehmen: Im Durchschnitt liegt die Quote ausbleibender Antworten bei einem Wert zwischen 43 % und 45 %, was einmal mehr auf den Umstand hindeutet, dass die Vertreter/-innen der Regionalbanken mit den PPX-Vertragskonstellationen bisher offenbar wenig anfangen können bzw. sich keine konkrete Bewertung zutrauen. Beginnt die Betrachtung der Einzelergebnisse in der mittleren Antwortkategorie, liegen die Werte hier zwischen 7 % bei Aussage D und 16 % bei Aussage E. Überdurchschnittliche Zustimmungswerte finden sich mit 12 % bei Aussage B als niedrigstem Wert bis zu 23 % bei Aussage E als höchstem Wert. Volle Zustimmung erfahren schließlich insbesondere die Aussage D mit einem Durchschnittswert von 24 % sowie die Aussage A mit einer Zustimmung von insgesamt 21 %. Während die ablehnenden Kategorien durchgängig schwach mit Rückmeldungen besetzt sind, fallen schließlich wiederum die Einschätzungen zur Risikoteilung insofern auf, als 10 % der befragten Kreditinstitute auch in der verbrieften Variante des PPX-Geschäftsmodells keine für die beteiligte Bank überschaubare Risikosituation erkennen wollen.

	Risiken	Stimme gar nicht zu	←	Mittlere Ausprägung	→	Stimme voll und ganz zu	Keine Meinung
		Antworten in Prozent					
A	Leistungswirtschaftliches Risiko des Maschinenherstellers (Marktrisiko)	4 %	2 %	18 %	15 %	18 %	43 %
B	Finanzwirtschaftliches Risiko des Maschinenherstellers (Finanzierungsrisiko)	4 %	5 %	14 %	16 %	15 %	44 %
C	Leistungswirtschaftliches Risiko des Maschinennutzers (Marktrisiko)		2 %	16 %	18 %	20 %	44 %
D	Finanzwirtschaftliches Risiko des Maschinennutzers (Finanzierungsrisiko)		1 %	15 %	20 %	19 %	45 %
E	(Technologische) Restwertrisiken aus dem Vertragsgegenstand	1 %	4 %	14 %	19 %	16 %	45 %
F	Risiken aus Abrechnungen innerhalb des „Pay-per-X"-Vertrages	1 %	4 %	19 %	14 %	14 %	47 %
G	Risiken aus der (immanenten) Festlegung von Servicekomponenten des „Pay-per-X"-Vertrages	1 %	5 %	19 %	20 %	9 %	46 %
H	Cyber- und sonstige IT-Risiken	1 %	4 %	15 %	20 %	15 %	44 %

Abb. 4.31 Einschätzung spezifischer bankenbezogener Risiken aus dem strategischen PPX-Geschäftsmodell aus der Sicht der Kreditinstitute der Stichprobe

Die wiederum auch bei Typ 3 zu konstatierende skeptische Einschätzung der Kreditinstitute der Stichprobe lenkt den Blick abschließend auf eine detaillierte Risikoanalyse. Abb. 4.31 zeigt auf der Grundlage vorgegebener Aussagen daher die Einschätzung der Befragten, welche spezifischen Risiken in jeweils welchem Ausmaß die verbriefte strategische PPX-Konstruktion impliziert. In einer Gesamtschau zeigt die Verteilung der abgegebene Urteile, dass bei allen Risikoquellen – sowie bei durchgängig hohen Quoten von Rückmeldungen der Art „Keine Meinung" – sowohl das mittlere Antwortcluster als auch die (volle) Zustimmung signalisierenden rechten Antwortrubriken stärker belegt sind als die ablehnenden Möglichkeiten zur Rückmeldung. Strukturell ähnelt die zu Typ 3 abgegebene Risikoeinschätzung dem Muster der zum aktiven PPX-Geschäftsmodell übermittelten Rückmeldungen, wohingegen die Relevanz der Risikoquellen bei der passiven PPX-Vertragskonstellation von den befragten Kreditinstituten durchaus anders beurteilt worden ist. Insofern implizieren aus der Sicht der Banken die drei Ausgestaltungsformen für nutzungsorientierte Finanzinnovationen offenbar teilweise unterschiedliche Risikostrukturen bzw. -wahrnehmungen und sollten daher in der Konsequenz unter ökonomischen Erwägungen unterschiedlich attraktiv sein. Wie die befragten Banken der Stichprobe vor dem Hintergrund der zuvor durchgängig erhobenen restriktiven Einschätzung der PPX-basierten Finanzinnovationen die Zukunft dieser Modelle einschätzen wird nachfolgend untersucht.

4.2.3.3 Zukunftspotenziale für PPX-Geschäftsmodelle aus Bankensicht

Für die Einschätzung der Zukunftspotenziale der PPX-Geschäftsmodelle sind die Probanden/-innen zunächst danach befragt worden, ob und inwieweit sie den einzelnen Typen 1 bis 3 Durchsetzungschancen einräumen (Fragen A–C). Danach sind zwei Aussagen zu bewerten, ob mittelständische Unternehmen zum Zwecke der Skalierung von PPX-Geschäftsmodellen (1.) auf eigene, zu gründende „Captive Finance"-Gesellschaften vermehrt zurückgreifen werden (Frage D) oder (2.) ggf. durch TechFins (d. h. Technologieunternehmen mit Banklizenz und Kompetenz in der Plattformökonomie) (Frage E) unterstützt werden. Der Fragenkomplex schließt mit einer makroökonomisch orientierten Frage, ob und inwieweit technologische Fortschritte z. B. im Bereich der „Tokenization" von Vermögenswerten oder auch die mögliche Einführung eines digitalen Euros die Umsetzung von PPX-Geschäftsmodellen erleichtern könnten (Frage F). Die Befunde sind in Abb. 4.32 dargestellt.

	Zukunftsszenarien	Antworten in Prozent: Gar nicht wahrscheinlich	←	Mittlere Erwartung	→	Sehr wahrscheinlich	Keine Meinung
A	Das passive „Pay-per-X"-Geschäftsmodell (Typ 1) wird sich langfristig durchsetzen!	1 %	14 %	29 %	24 %	3 %	29 %
B	Das aktive „Pay-per-X"-Geschäftsmodell (Typ 2) wird sich langfristig durchsetzen!	3 %	19 %	32 %	15 %	2 %	29 %
C	Das strategische „Pay-per-X"-Geschäftsmodell (Typ 3) wird sich langfristig durchsetzen!	8 %	23 %	23 %	9 %	5 %	32 %
D	Unternehmen, die „Pay-per-X"-Geschäftsmodelle umsetzen, werden langfristig eigene „Captive Finance"-Gesellschaften gründen und darüber Finanzdienstleistungen anbieten („Typ 4")!		19 %	20 %	15 %	7 %	40 %
E	Unternehmen, die „Pay-per-X"-Geschäftsmodelle umsetzen, werden in diesem Prozess durch TechFins (d.h. Technologieunternehmen mit Banklizenz und Kompetenz in der Plattformökonomie (z. B. Apple, Amazon oder SAP)) unterstützt („Typ 5")!		7 %	26 %	26 %	10 %	31 %
F	Sowohl die technologischen Fortschritte im Bereich der „Tokenization" von Assets als auch die Bestrebungen zur Einführung eines digitalen Euros werden es (Regional-)Bankenmittelfristig ermöglichen, SPV-basierte „Pay-per-X"-Geschäftsmodelle einfacher umzusetzen und deutlich kostengünstiger (profitabler) als bisher für den Mittelstand anbieten zu können.	4 %	10 %	23 %	21 %	5 %	36 %

Abb. 4.32 Alternative Zukunftseinschätzungen (Szenarien) für PPX-Geschäftsmodelle in den nächsten 5 bis 10 Jahren aus der Sicht der Kreditinstitute der Stichprobe

Die Befunde der zur erwarteten Durchsetzung der einzelnen PPX-Geschäftsmodelle abgegeben Einschätzungen (Aussagen A–C) bestätigen die Ergebnisse aus früheren Teilen der Befragung. Wiederum auffällig ist zunächst der abermals recht hohe Anteil nicht abgegebener Einschätzungen, der beim passiven und aktiven PPX-Geschäftsmodell jeweils bei 29 % und beim strategischen PPX-Geschäftsmodell sogar bei 32 % liegt. Etwa ein Drittel der befragten Regionalbanken erwartet, dass sich sowohl das passive als auch das aktive PPX-Geschäftsmodell langfristig durchsetzen werden. Weniger optimistisch wird hingegen die langfristige Bedeutung des strategischen PPX-Geschäftsmodells (Verbriefungsmodell) eingeschätzt. Immerhin sind fast 31 % der befragten Regionalbanken der Meinung, dass es unwahrscheinlich bis sehr unwahrscheinlich ist, dass sich dieses PPX-Geschäftsmodell langfristig etablieren wird. Zur besseren Einordnung der Ergebnisse sei jedoch auch angemerkt, dass 27 % der befragten Regionalbanken (sehr) wahrscheinlich von einer langfristigen Marktdurchdringung des passiven PPX-Geschäftsmodells ausgehen. Insofern bestätigt sich hier die schon angedeutete Tendenz, dass die Komplexität der PPX-Vertragsmodalitäten Einfluss auf die entsprechende Attraktivität nimmt.

Bei wiederum (sehr) hohen Anteilen ausgebliebener Meinungen (insgesamt 40 % bei Aussage D und 31 % bei Aussage E) ergibt sich bezüglich der Bedeutung alternativer Finanzdienstleister folgendes Meinungsbild: Die befragten Regionalbanken halten es zu 22 % bzw. 36 % für wahrscheinlich bis sehr wahrscheinlich, dass mittelständische Unternehmen bei der Skalierung ihrer PPX-Geschäftsmodelle durch TechFins (Technologieunternehmen mit Banklizenz und Plattformökonomie-Expertise) bzw. durch eigene „Captive Finance"-Gesellschaften unterstützt werden. Ein direkter Vergleich mit den vorherigen Ergebnissen macht deutlich, dass TechFins durch die befragten Kreditinstitute als ernsthafter Wettbewerber wahrgenommen werden. Diese These erfährt schließlich weitere Unterstützung dadurch, dass lediglich 7 % es für weniger wahrscheinlich und 0 % (keine Nennungen) für unwahrscheinlich erachten, dass sich Technologieunternehmen mit Banklizenz und Plattformökonomie-Expertise in diesem Markt nicht etablieren werden.

Die zuvor geäußerten Vorbehalte gegenüber dem strategischen Verbriefungsmodell (Typ 3) werden abgeschwächt, sollten sowohl die technologischen Fortschritte im Bereich der Tokenisierung von Assets als auch die Etablierung eines digitalen Euros Regionalbanken befähigen, derartige Konstrukte effizienter und kostengünstiger umzusetzen (Frage F). Zwar fällt auch hier wiederum auf, dass 36 % der Befragten keine Einschätzung abgeben, allerdings erwarten immerhin insgesamt 26 % eine (sehr) wahrscheinliche Beschleunigung von strategischen PPX-Modellen im Zuge dieser Entwicklungen. Nur (sehr) geringe Beschleunigungseffekte sehen schließlich insgesamt 14 %, wobei das mittlere Cluster mit 23 % recht stark besetzt ist.

Da PPX-Geschäftsmodelle nicht zuletzt aufgrund ihrer inhärenten Variabilität sowie der höheren Serviceorientierung gegenüber dem Kunden zu veränderten Risikokonstellationen führen, sind die Banken der Stichprobe schließlich gebeten worden, eine Einschätzung dahingehend abzugeben, warum trotz der (potenziell) risikosteigernden Verflechtungen

	Gründe	Antworten in Prozent					
		Gar nicht zutreffend	←	Mittlere Erwartung	→	Absolut zutreffend	Keine Meinung
A	Ermöglichung der Implementierung eines Smart Collateral Management (d.h. die Maschine kann im Wert überwacht und notfalls stillgelegt werden, sofern Zahlungen nicht erfolgen)	5 %	11 %	27 %	18 %	5 %	33 %
B	Stärkung des Zinsgeschäfts über das Provisionsgeschäft hinaus, da die Übernahme von Auslastungsrisiken durch die Bank auch höhere Zinsaufschläge impliziert.	2 %	8 %	29 %	26 %	4 %	31 %
C	Verbesserung der Planungsgrundlagen durch Big Data im Sinne eines proaktiv-prognostizierenden Ansatzes mit der Konsequenz besser fundierter Entscheidungen.	3 %	7 %	27 %	25 %	4 %	33 %

Abb. 4.33 Gründe für das Interesse an PPX-Geschäftsmodellen in den nächsten 5 bis 10 Jahren trotz zwangsläufig veränderter Risikokonstellationen aus der Sicht der Kreditinstitute der Stichprobe

nutzungsbasierte Finanzierungsmodelle dennoch für die eigene Bank interessant sein könnten. Die Einschätzungen finden sich in Abb. 4.33 und sind bezüglich der neuen PPX-Geschäftsmodelle insofern versöhnlich, als – abgesehen von wiederum recht hohen Quoten ausgebliebener Antworten mit Werten zwischen 31 % und 33 % – die Einschätzung tendenziell positiv ausfällt. Eine derartige Wertung durch die Probanden/-innen gilt hinsichtlich (1.) der Implementierung eines Smart Collateral Managements (Grund A), (2.) der Stärkung des Zinsgeschäfts über das Provisionsgeschäft hinaus (Grund B) sowie (3.) einer Verbesserung der Planungsgrundlagen durch Big Data im Sinne eines proaktiv-prognostizierenden Ansatzes mit der Konsequenz fundierterer Entscheidungen (Grund C). Es kann demnach festgehalten werden, dass ungeachtet der bisher tendenziell eher restriktiven Einschätzungen viele der befragten Regionalbanken perspektivisch durchaus Chancen in nutzungsorientierten Finanzinnovationen sehen und in diesem Verständnis auch unter Inkaufnahme eines veränderten Risikoprofils durchaus Interesse bekunden.

4.3 Zusammenfassung der quantitativen Ergebnisse

Im Rahmen der Fragebogenstudie wurden 369 Sparkassen und 770 Genossenschaftsbanken im Sinne einer Vollerhebung um Mitwirkung gebeten. Rückmeldungen sind von 91 Kreditinstituten eingegangen, was bezogen auf die angeschriebenen Banken zu einer Rücklaufquote von ca. 9,5 % für die Sparkassen und 7,3 % für die Genossenschaftsbanken führte. Die in der Befragung erhobenen Strukturdaten offenbarten, dass sich vornehmlich Regionalbanken aus den Bundesgebieten mit ausgeprägter Industriedichte an der Umfrage beteiligt haben. Die meisten Rückmeldungen kamen demnach aus Nordrhein-Westfalen (23 %), gefolgt von Hessen (21 %), Niedersachsen (16 %), Baden-Württemberg (11 %) und Bayern (9 %). Die Mehrheit der teilnehmenden Banken verfügt über eine Bilanzsumme größer

1 Mrd. €, wobei einerseits die beteiligten Sparkassen tendenziell größer als die Genossenschaftsbanken sind, die sich aber andererseits stärker im Firmenkundengeschäft engagieren.

Mit Blick auf die internen Governance-Strukturen lässt sich festhalten, dass sich diejenigen Regionalbanken in Deutschland, die sich mit dem Thema „PPX als Geschäftsmodell" auseinandersetzen, durch eine ausgeprägte Präferenz für kleine Vorstände auszeichnen, die eher generalistische Kompetenzen ihrer Mitglieder verlangen und grundsätzlich eine schnelle und damit zeitgerechte Entscheidungsfindung ermöglichen. Die Fähigkeit, schnelle und zielgerichtete Entscheidungen im Kontext von (Geschäftsmodell-) Innovationen zu treffen, wird zudem durch den Verzicht auf Zustimmungsvorbehalte für Innovationsentscheidungen untermauert, was bei der Mehrzahl der befragten Kreditinstitute der Fall war. Allerdings steht den meisten Regionalbanken zugleich kein gesondertes Innovationsbudget zur Verfügung, um gerade komplexe und kostenintensive Veränderungsprozesse im Kontext von Digitalisierung und PPX-Konstrukten anzustoßen.

Insgesamt hatten 40 % der befragten Regionalbanken bereits erste Berührungspunkte mit dem Themenkomplex PPX, wobei sich im Detail deutliche Unterschiede zwischen Sparkassen und Genossenschaftsbanken zeigten: So hatte fast jede zweite Genossenschaftsbank der Stichprobe (46 %) bereits Berührungspunkte mit diesem Thema, wohingegen dies bei den Sparkassen lediglich für knapp jede dritte Bank gilt (29 %). Die Sensibilisierung für das neue Marktsegment der PPX-Geschäftsmodelle ging in beiden Bankentypen von sehr unterschiedlichen Quellen aus: Sparkassen wurden deutlich mehr von ihren Firmenkunden für diese Thematik sensibilisiert. Bei Genossenschaftsbanken hat hingegen der Dachverband seine Mitglieder mehrheitlich auf das Thema aufmerksam gemacht. Fortbildungsveranstaltungen scheinen das Thema der nutzungsorientierten Geschäftsmodelle als eigene neue Klasse von Investitionsobjekten generell weniger aufzugreifen.

Das relativ starke Engagement im Bereich der PPX-Finanzierungsmodelle zeigt sich auch darin, dass insgesamt 22 % der befragten Kreditinstitute derartige Modelle bereits mit ausgewählten Kunden erproben, während die Mehrheit der deutschen Regionalbanken PPX-Geschäftsmodelle als nachrangiges (37 %) oder lediglich wichtiges Zusatzgeschäft (19 %) ansehen. In Einklang dazu steht die Einschätzung des Marktpotenzials, also der zu erwartenden Nachfrage: 52 % der befragten Kreditinstitute gehen davon aus, dass bis zu einem Zehntel ihrer Kunden in den nächsten 5 Jahren Interesse an den neuen Finanzierungsmodellen bekunden werden. Sollte dies der Fall sein, wird Nachfrage in den Bereichen „Verarbeitendes Gewerbe" und „Erbringung von Dienstleistungen" erwartet. Hervorzuheben ist weiterhin, dass ein weiteres Viertel der Befragten durchaus etwas optimistischer in ihren Einschätzungen ist und angibt, dass der Anteil an für PPX-relevanten Firmenkunden zwischen 11 % und 25 % liegen wird.

Mit Blick auf die konkreten Beweggründe, sich seitens der deutschen Regionalbanken mit PPX-Geschäftsmodellen auseinanderzusetzen, zeigen die Befunde folgendes Bild: Im Mittelpunkt stehen bei den befragten Kreditinstituten zunächst – erwartungsgemäß – marktstrategische Zielsetzungen. Auffällig ist dann aber, dass sowohl finanzielle Ziele als auch die Erreichung von Nachhaltigkeitszielen hinsichtlich ihrer Relevanz gleichbedeutend als Beweggründe für die Auseinandersetzung mit PPX-Geschäftsmodellen genannt wurden.

Wesentliche limitierende Faktoren hinsichtlich der Umsetzung derartiger Geschäftsmodelle stellen vor allem fehlendes technisches Know-how, Beschränkungen in der digitalen Vernetzung bzw. der IT-Infrastruktur sowie datenschutzrechtliche Erfordernisse dar. Geringere Hürden erwarten die befragten Regionalbanken in Bezug auf die Anpassung interner Risikomodelle, was darauf hinweist, dass trotz der Komplexität der einzelnen Risikoarten die Regionalbanken an dieser Stelle offenbar hinreichende Kompetenzen vorhalten können.

Die aus den Experteninterviews heraus identifizierten Archetypen von PPX-Geschäftsmodellen werden von den befragten Regionalbanken unterschiedlich bewertet. Es scheint, als würde aus der Sicht der befragten Regionalbanken insbesondere der Komplexitätsgrad der Vertragskonstruktion und damit die Abweichung zu klassischen Finanzprodukten die Attraktivität bestimmen. In einer Gesamtschau wird das passive, leasingorientierte PPX-Modell, in dem die Bank in die Ausgestaltung des PPX-Preissystems nicht maßgeblich involviert ist, am höchsten bewertet. Für 50 % der befragten Regionalbanken liegt hier eine ‚mittlere' bis ‚(sehr) hohe' Attraktivität vor. Das aktive, kreditbasierte PPX-Modell, in dem die Regionalbank maßgeblichen Einfluss auf das PPX-Preissystem nimmt, folgt auf Platz 2 und wird immerhin noch von 44 % der befragten Kreditinstitute als attraktiv gewertet. Für das strategische, auf einer Zweckgesellschaft beruhende PPX-Geschäftsmodell gilt dies hingegen nicht mehr, da die Verbriefungsvariante schlussendlich von fast jeder zweiten befragten Bank als unattraktiv bewertet wird. Obwohl Konsens darüber herrscht, dass keines der drei Modelle weder aktuell noch kurzfristig, d. h. innerhalb eines Jahres, in einer hinreichend standardisierten Form angeboten werden kann, signalisieren zumindest hinsichtlich des favorisierten passiven PPX-Modells 65 % aller befragten Banken, ein solches PPX-Geschäftsmodell innerhalb der nächsten 5 Jahre in standardisierter Form umsetzen zu können. Bei der aktiven Variante sind es bezogen auf denselben Zeitraum immerhin noch rund 53 %. Mit zunehmender Komplexität der PPX-Typen nimmt dann scheinbar aber die eher abwartende Haltung hinsichtlich der Umsetzbarkeit zu bzw. die grundsätzliche Affinität, derartige PPX-Typen überhaupt in das Produktsortiment aufzunehmen, ab. Insofern ist es nicht verwunderlich, dass mehr als 40 % der befragten Banken das strategische PPX-Modell nicht anbieten wollen.

Die abschließende Beurteilung der Zukunftsperspektiven von PPX-Geschäftsmodellen in den nächsten 5 bis 10 Jahren macht im Zusammenspiel mit der Rolle von Regionalbanken schließlich deutlich, dass die Vertreter/-innen der Banken auch für diesen längerfristigen Zeitraum davon ausgehen, dass sich die weniger komplexen PPX-Geschäftsmodelle eher durchsetzen werden. Gleichzeitig wird ersichtlich, dass die Regionalbanken insbesondere Technologieunternehmen mit Banklizenz und Plattform-Expertise langfristig als ernsten Wettbewerber wahrnehmen.

Anlagen: Abb. A.1, A.2, A.3, A.4

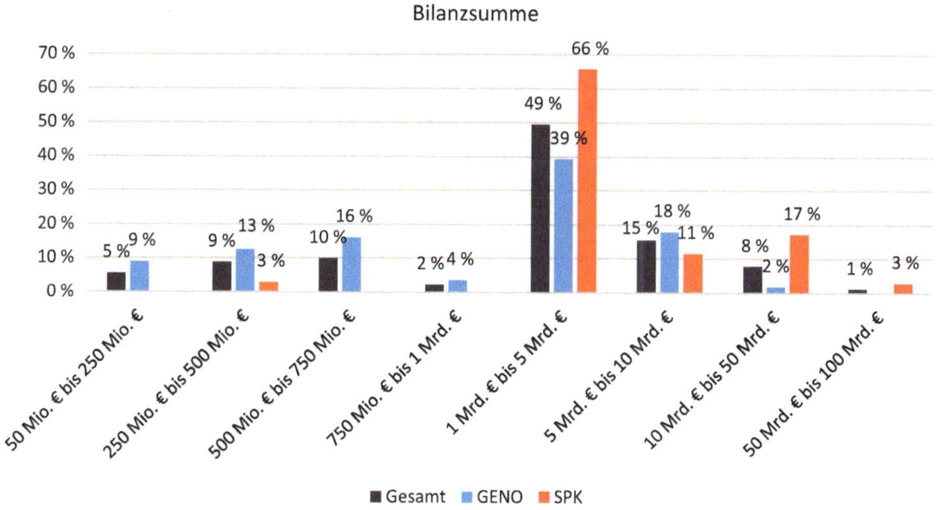

Anlage A.1 Bilanzsummen (Cluster) der Kreditinstitute der Stichprobe

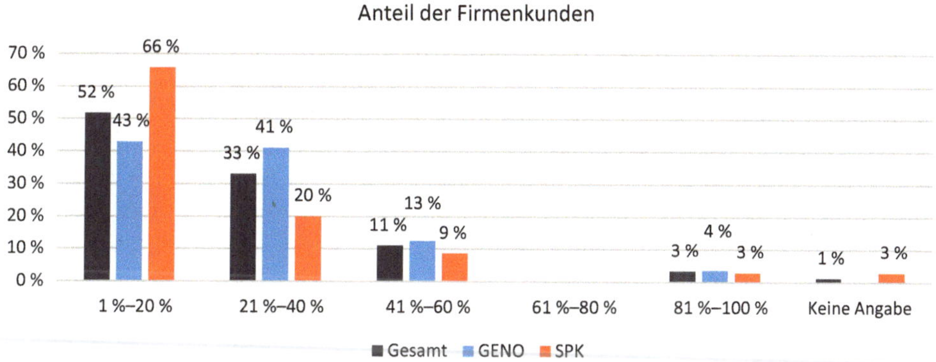

Anlage A.2 Anzahl an Firmenkunden am Gesamtbestand an Kunden bei den Kreditinstituten der Stichprobe

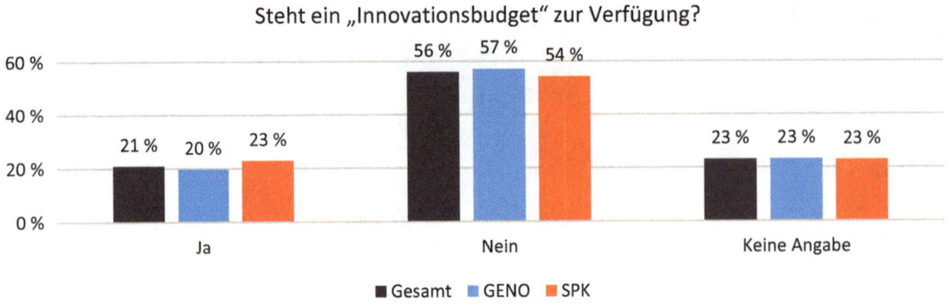

Anlage A.3 (Nicht-)Existenz eines Innovationsbudgets bei den Kreditinstituten der Stichprobe

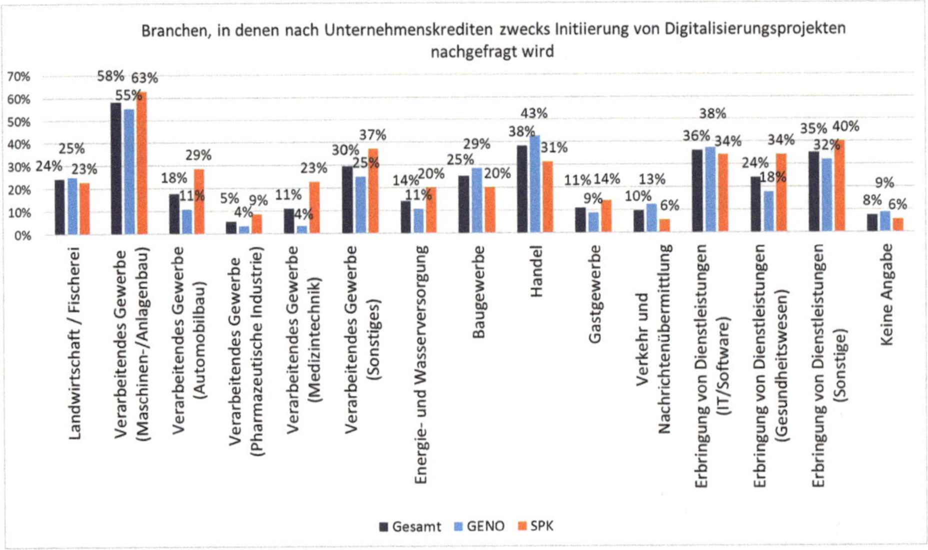

Anlage A.4 Kundenseitige Nachfrage von Krediten zwecks Initiierung von Digitalisierungsprojekten in unterschiedlichen Branchen

Literatur

Bortz, J., & Schuster, C. (2010). *Statistik für Human- und Sozialwissenschaftler*. Springer.

Chandler, A. D. (1962). *Strategy and structure: Chapters in the history of the American industrial enterprise*. MIT Press.

Döring, N., & Bortz, J. (2016). *Forschungsmethoden und Evaluation in den Sozial- und Humanwissenschaften*. Springer.

Katilmis, S., Forster, M., Sandner, P., Forst, F., & Dömer, F. (2022). *Asset as a service: Transformation von Eigentum und Geschäftsmodellen verspricht bedeutende Wertschöpfung*. Arthur D. Little Report 03:2022.

Implikationen und Ausblick 5

Im Zuge der fortschreitenden Digitalisierung von Gesellschaft und Wirtschaft sind in den letzten Jahren neue Geschäftsmodelle an der Schnittstelle von ‚Industrie 4.0' konzipiert und erprobt worden, mit denen einerseits die anbietenden Unternehmen neue Marktpotenziale erschließen wollen, die andererseits aber auch die Rolle der Banken über eine veränderte Finanzierungsfunktion tangieren. So ermöglichen hochauflösende, via einem ‚Industrial Internet of Things' (IIoT) bereitgestellte Maschinen- und Produktionsdaten insbesondere mittelständischen Unternehmen, ihren Kunden vielfältige nutzungsdatenbasierte Finanzierungslösungen anzubieten, die konzeptionell weniger einem klassischen (Ver-)Kauf entsprechen als vielmehr ein umfassendes Serviceangebot in Form von Miet- und Abonnement-Modellen darstellen. Mittel- bis langfristig werden sich aus dieser Entwicklung zwangsläufig weitreichende Veränderungen und Herausforderungen für das Firmenkundengeschäft von (Regional-)Banken ergeben, da derartige „Pay-per-X"(PPX)-Geschäftsmodelle eine eigene Klasse von Investitionsprojekten mit spezifischen Risikoprofilen beschreiben. Es ist deshalb auch umso erstaunlicher, dass in der finanzwirtschaftlichen Literatur die skizzierten Entwicklungen bisher nur sporadisch aufgegriffen worden sind und insofern eine ausgeprägte „Wissenslücke" besteht.

Das Forschungsprojekt „Smart Finance und IIoT – Innovative Finanzdienstleistungen im Kontext von Industrie 4.0" verfolgte vor dem Hintergrund des zu konstatierenden Forschungsdefizits das Ziel, die aktuelle und zukünftige Bedeutung datenbasierter Finanzierungskonzepte für das Firmenkundengeschäft umfassend empirisch zu erforschen, um einerseits die Chancen und Risiken einer Adaption (Angebot und Begleitung) derartiger Geschäftsmodelle für Banken aufzuzeigen und andererseits die ‚Eckpunkte' des jungen Forschungsgebiets für die Finanzwirtschaft weiter einzugrenzen. Der Fokus liegt dabei auf deutschen Regionalbanken in Gestalt von Sparkassen und Genossenschaftsbanken, die als ‚Partner vor Ort' direkte Ansprechpartner der mittelständischen Wirtschaft sind und in dieser Rolle von fundamentalen Veränderungen im Firmenkundengeschäft unmittelbar betroffen sein werden.

E. Lukas et al., *Smart Finance und IIoT*, https://doi.org/10.1007/978-3-658-45480-7_5

Konzeptionell umfasst die empirische Studie sowohl einen qualitativen als auch einen quantitativen Teil: So sind zunächst leitfadengestützte Interviews mit insgesamt 14 Experten/-innen aus dem Maschinen- und Anlagenbau, der Finanzwirtschaft sowie der Unternehmensberatung geführt worden, um auf diesem Weg sowohl Einsichten in den Status-quo der Umsetzung nutzungsorientierter Geschäftsmodelle zu bekommen als auch im Hinblick auf Marktpotenziale detaillierte Erkenntnisse über Chancen und Begrenzungen (Risiken) zu erlangen. Das auf diesem Wege generierte Wissen diente in der Folge als Grundlage für die Konzeption eines umfassenden Fragebogens, der im Rahmen einer Vollerhebung an die Vorstände aller 369 Sparkassen und 770 Genossenschaftsbanken in Deutschland verschickt worden ist. Von den angeschriebenen Sparkassen haben sich 9,5 % und von den Genossenschaftsbanken 7,3 % der angeschriebenen Kreditinstitute an der Befragung beteiligt, sodass mit einem N = 91 eine aussagekräftige Stichprobe erreicht werden konnte.

Die wesentlichen Ergebnisse und Implikationen des Forschungsprojektes lassen sich in einer Gesamtschau wie folgt zusammenfassen:

- Die Ergebnisse der Befragung zeigen deutlich, dass einige Maschinenhersteller bereits über hinreichende Erfahrungen mit PPX-Geschäftsmodellen verfügen, die diese vor allem über eigene „Captive-Finance"-Tochtergesellschaften gesammelt haben und mitunter schon an der Schwelle zu einer tragfähigen Skalierung der Angebote stehen. Im Zuge dieser Entwicklung wird sowohl der Finanzdienstleistungs- als auch der Versicherungsbranche eine hohe aktuelle und zukünftige Relevanz zugesprochen, sodass es zweifelsohne interessante Betätigungsfelder und Marktpotenziale für (Regional-)Banken gibt bzw. geben wird.
- Im Hinblick auf eine Skalierung der beschriebenen nutzungsbasierten Geschäftsmodelle legen die befragten Experten/-innen schließlich kleinen bis mittelgroßen (Regional-)Banken die Bildung strategischer Allianzen nahe, wobei die angedachten Lösungen von der Kooperation mit ‚Fintechs' über eine – ggf. institutionalisierte – Zusammenarbeit mit anderen Banken „vor Ort" bis hin zur Orchestrierung derartiger Geschäftsmodellinnovationen durch die jeweilige Dachorganisation reichen. Im zuletzt genannten Fall sollten standardisierte Finanzierungskonzepte und erforderliches Technologiewissen durch die jeweils zuständige Spitzeninstitution an die nachgelagerten Ebenen weitergegeben werden („Best Practice"-Lösungen), sodass sich die Einstiegshürden für einen erfolgreichen Einsatz nutzungsbasierter Geschäftsmodelle für kleinere Regionalbanken senken und dadurch neue Marktpotenziale erschließen lassen.
- Die Ergebnisse der Fragebogenstudie zeigen, dass bereits 40 % der befragten Regionalbanken erste Berührungspunkte mit dem Themenkomplex PPX hatten, wobei im Detail deutlich wird, dass die befragten Genossenschaftsbanken bereits häufiger PPX-Finanzierungsmodelle mit Kunden erproben als die befragten Sparkassen. Die Vertreter/-innen beider Bankentypen sind mehrheitlich der Meinung, dass sich derartige Geschäftsmodelle innerhalb der nächsten 5 Jahre standardisiert anbieten lassen. Zugleich besteht tendenziell die Auffassung sowohl in Sparkassen als auch in Genossenschaftsbanken,

dass nutzungsbasierte Geschäftsmodelle in Zukunft eher ein nachrangiges Zusatzgeschäft darstellen. Diese Einschätzung überrascht insofern, als der ‚Digitalisierung' in den befragten Kreditinstituten auf einer generellen Ebene eine äußerst hohe Relevanz beigemessen wird.

- Mit Blick auf die konkret aus PPX-basierten Geschäftsmodellen erwachsenden Chancen steht für die befragten Regionalbanken die Realisierung marktstrategischer Ziele im Vordergrund. Gleichbedeutend an zweiter Stelle nennen die Entscheidungsträger/-innen der Banken sowohl finanzielle Ziele als auch die Erreichung von Nachhaltigkeitszielen. Wesentliche limitierende Faktoren werden vor allem in (1.) fehlendem technischen Know-how, (2.) Beschränkungen in der digitalen Vernetzung bzw. der IT-Infrastruktur sowie (3.) datenschutzrechtlichen Erfordernissen gesehen. Eine geringere Hürde stellt hingegen die Anpassung interner Risikomodelle dar, was darauf hindeutet, dass trotz der Komplexität der einzelnen Risikoarten die Regionalbanken an dieser Stelle offenbar hinreichende Kompetenzen vorhalten können.
- Die aus den Experteninterviews heraus identifizierten Archetypen von Gestaltungen von PPX-Geschäftsmodellen werden von den befragten Regionalbanken unterschiedlich bewertet. Es scheint, als würde aus der Sicht der befragten Regionalbanken insbesondere der Komplexitätsgrad der Vertragskonstruktion und damit die Abweichung zu klassischen Finanzprodukten die Attraktivität wesentlich bestimmen. In einer Gesamtschau wird das passive, leasingorientierte PPX-Modell, in dem die beteiligte Bank in die Ausgestaltung des PPX-Preissystems nicht maßgeblich involviert ist, am stärksten präferiert.

SPRINGER NATURE

GPSR Compliance

The European Union's (EU) General Product Safety Regulation (GPSR) is a set of rules that requires consumer products to be safe and our obligations to ensure this.

If you have any concerns about our products, you can contact us on ProductSafety@springernature.com

In case Publisher is established outside the EU, the EU authorized representative is:

Springer Nature Customer Service Center GmbH
Europaplatz 3
69115 Heidelberg, Germany

FSC
www.fsc.org
MIX
Papier | Fördert gute Waldnutzung
FSC® C083411

Kolibri 360 GmbH
Ferdinand-Jühlke-Straße 7
99095 Erfurt, Deutschland
produktsicherheit@kolibri360.de